Früher mußte man sich plagen... ①

jede Menge Kohlen tragen, geht man einmal aus dem Haus, ist sonst bald der Ofen aus, bumms, Bude kalt, so'n Mist! Denn die üblichen eisernen Öfen heizen nur gleichmäßig und halbwegs wirtschaftlich, wenn darin dauernd ordentlich Kohle glüht. Aber was nützt uns die ganze Wirtschaftlichkeit, wenn die Öfen dabei solche Mengen Hitze ausspucken, die wir gar nicht wollen! Früher brauchten die Räume die Hitze, weil die Fenster undicht und die Wände eisekalt waren. Heute haben wir (hoffentlich) die Fenster aufgedoppelt - und ärgern uns nun über den schon wieder leeren Kohlenkeller und die Bullenhitze! Also werden die Öfen so radikal gedrosselt, daß das Feuer fast nur noch schwelt, das spart zwar ein paar Kohlen und macht weniger Hitze, aber der Haupteffekt ist, daß viele Heizgase unverbrannt durch den Schornstein gehen - überall riechst Du den Giftmief!

Andere heizen, in guter Absicht, die giftigen Kohleabgase zu vermeiden, ihre Kohleöfen mit Holz. Schon wird das Heizen zur Ganztagsbeschäftigung, dauernd ist einer nur damit beschäftigt, von Feuerloch zu Feuerloch zu rennen, damit ja kein Ofen ausgeht. Und das Holzhacken... - denn die Mengen, die dabei draufgehen, sind enorm! Warum? Brennt das Feuer richtig, bullert die Hälfte der Wärme zum Schornstein raus, denn die Kohleöfen haben für Holzfeuer zu wenig Züge. Ist der Ofen ausgegangen, wird's alsobald eisekalt, denn er kat kaum wärmespeichernde Steine. Also doch wieder Kohle. Oder das Mittelchen mit dem abgewürgtem Knöselfeuer, wo das Holz dauernd leise vor sich hin glimmt - zwar weniger Hektik mit dem Heizen, aber jede Menge verschenkter Heizwert in Form giftiger, unverbrannter Schwelgase, noch giftiger als die von einem gut brennendem Kohlefeuer!

Also frieren? Nein! Du kannst Dir ganz einfach, vielleicht aus schönen, alten Abbruch-Ziegelsteinen Züge zum eisernen Ofen bauen - den Abwärmeofen! So kannst Du die Wärme, die vorher für ein Zimmer zu viel war, auf zwei verteilen und brauchst ein Feuerloch weniger zu stopfen, Du brauchst auch nur noch gelegentlich zu heizen und hast trotzdem schön gleichmäßige Wärme, Wärmestrahlung wie von einem echten, guten Kachelofen. Er spart schon in einem einzigen Winter mehr Mühe beim Heizen, als der Bau Arbeit machte!

Der Abwärmeofen nutzt die Wärme aus, die sonst im Schornstein verschwinden würde. Die wärmespeichernden Steine heizen noch viele Stunden weiter, nachdem das Feuer längst abgebrannt und der eiserne Ofen kalt ist. Das bringt:

- erhebliche Brennstoffersparnis, oft über 50%, denn die Wärme jedes Brennstoffes, auch von Holz und beim Anheizen, läßt sich gut nutzen.
- saubere, vollständige Verbrennung, weil das Feuer nicht gedrosselt werden muß.
- Kombination von schnellem Aufheizen (über den eisernen Ofen) und langer Wärmespeicherung (im Abwärmeofen).
- Kohlen (giftige Abgase) sind überflüssig, denn der Brennstoff darf schnell abbrennen.

- angenehme und biologisch günstige Wärmestrahlung vom Steinmaterial.
- Arbeitsersparnis, weil nur zeitweise geheizt werden muß, je nach Wärmebedarf 1 - 3 mal täglich eine halbe bis zwei Stunden.
- die Möglichkeit, zwei oder gar drei Räume mit einer Feuerstelle zu heizen, dadurch doppelte Brennstoff- und Arbeitsersparnis und nur noch in einem Raum Aschestaub. Die Anlage wird durch die Wand gebaut.

Aber: Ideal ist allein das Heizen mit Sonnenwärme, jede Verbrennung ist umweltschädlich. Bessere Öfen verkleinern das Übel nur, drum sorgen wir dafür, daß wir möglichst wenig heizen müssen. Foliendoppelfenster oder besseres (s. Doppelfenster-Bauheft), dicke Vorhänge, mäßige Temperatur und ein schöner warmer Wollpullover sind im Winter selbstverständlich.

Ein großer Abwärmeofen lohnt sich sehr bei:

- Öfen ohne Deckenzug ("Kanonenofen"): Gefahr plötzlicher Hitze groß, 1.Zug im Abwärmeofen auskleiden (S.44) oder mit ca $\frac{1}{2}$ m Ofenrohr anschließen!
- Öfen mit Deckenzug (S.60-64): 1.Zug auskleiden nur für große Öfen nötig.

Abwärmeofen lohnend bei:

- üblichen Beistellherden (nur kleiner Sturzzug): Feuerraum vergrößern gut!
- Öfen mit Sturzzügen (ziemlich selten): Abwärmeofen evtl. kleiner bauen.

Nur kleiner Abwärmeofen lohnend (ausprobieren, Ofenrohrtest) bei

- Beistellherden mit langen Sturzzügen (selten): Feuerraum vergrößern gut!
- Vollherden mit Backröhre (übliche Feuer-Küchenherde).

„Kanonenofen" ohne Züge

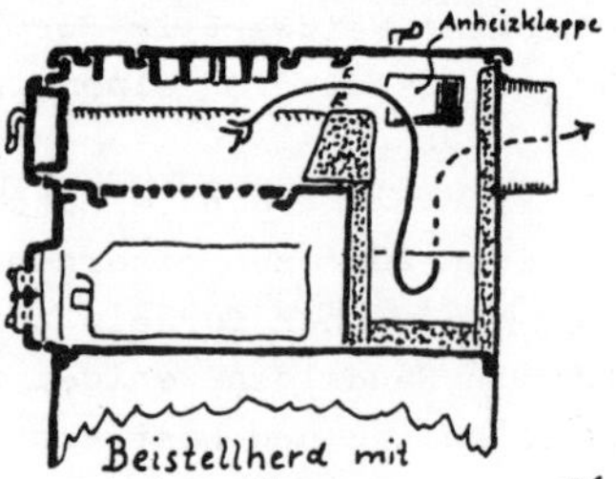

Beistellherd mit kleinem Sturzzug (nur Oberteil gezeichnet)

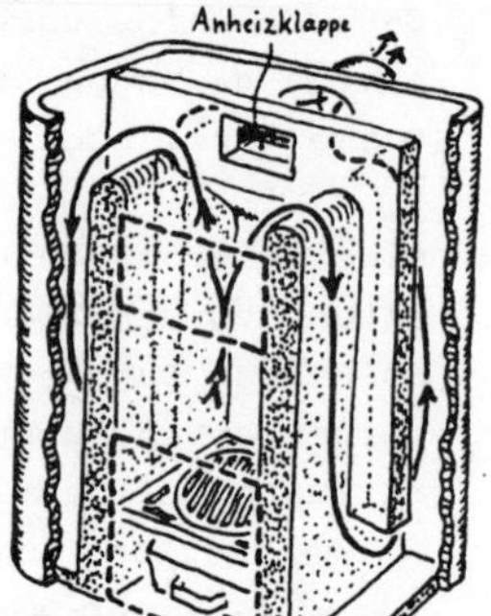

Ofen mit Sturzzügen

Ob sich für einen Ofen mit Zügen ein Abwärmeofen lohnt, fühlst Du am Ofenrohr: Heize mit Holz. Mußt Du die Hand bald vom Ofenrohr wegziehen, ist noch Wärme für einen kleinen Abwärmeofen drin. Verzischt Spucke am Finger auf dem Ofenrohr, soll auf jeden Fall ein großer Abwärmeofen her. Wenn Du Dir gar nicht sicher bist, kannst Du erstmal das Ofenrohr ordentlich verlängern und merkst, ob der Ofen jetzt besser heizt oder nur schlechter zieht und räuchert. Ein verlängertes Ofenrohr ist ja auch schon ein provisorischer Abwärmeofen, allerdings abwechselnd sengend heiß und laukalt, ohne jede Wärmespeicherung.

Erstaunlich: Der meiste Rauch zieht mitten im Rohr, außen steht er fast still und wird viel kälter als die große Menge, die in den Schornstein kommt. Drum ist, wenn Du die Hand lange Zeit auf dem Ofenrohr liegenlassen kannst, der Rauch innen etwa 2oo ^{o}C heiß. Mehr muß nun wirklich nicht in den Schornstein !

Zum Ziehen reichen weniger als 1oo Grad, doch damit der Schornstein nicht durchfeuchtet, muß der Rauch, solange Flammen brennen, heißer sein. Aber 2oo Grad und mehr braucht's wirklich nur, wenn Du mit feuchtem Zeug kokelst und den Schornstein wieder trocken heizen mußt...

Kohleöfen für Holzfeuer verbessern

Bei uns sind Kohleöfen üblich, wo die Luft von unten durch den Rost kommt. Kohle muß kräftig von unten angefacht werden, sonst geht sie aus. Holzfeuer aber braucht hauptsächlich Luft von der Seite (Oberluft) und gar nicht viel durch den Rost, die langen Holzfeuerflammen rußen sonst wegen Luftmangel. Bohrst Du Luftlöcher (12-25 mm Ø) in die Sicherheitstür, brennt Holzfeuer schon viel sauberer. Damit nicht doch die meiste Luft durch den Rost kommt, leere entweder den Aschekasten nicht aus oder baue ein Luftleitblech innen an die Feuertür, wie hier gezeichnet:

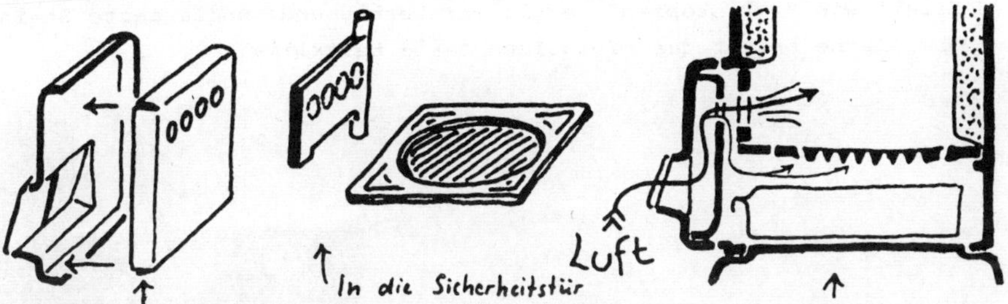

Innen gegen die Tür ein passend gebogenes Blech mit Oberluftlöchern schrauben

In die Sicherheitstür müssen entsprechende, mindestens gleich große Löcher

alles zusammen: Wenigstens von der Tür aus gezielte Luftstrahlen

Jetzt hört man schon richtig das Bullern. Wenn das Feuer ziemlich groß ist, öffne die Fülltür einen kleinen Spalt, damit die Flammenspitzen auch genug Luft kriegen. Noch besser: Lege einen Schamotterest auf den Rost, jetzt fällt die Holzkohle nicht mehr halbverbrannt durch, sondern verglimmt im Aschebett sauber zu feiner weißer Asche (Asche nie vollständig ausleeren). Wichtig: Luftlöcher-Gesamtquerschnitt mindestens $\frac{1}{4}$ Ofenrohrquerschnitt!

Am besten: für reine Holzfeuerung Aschekasten raus, Rost ausbauen, Ascheraum mit Schamotteresten auskleiden. Jetzt haben die Flammen mehr Platz und das Holz verglimmt im Aschebett. Wichtig: Ofenboden wird heiß, Ziegelsteine als Hitzeschutz für den Fußboden drunterlegen! Außerdem Ofentür vor Hitze schützen, verzieht sich sonst.

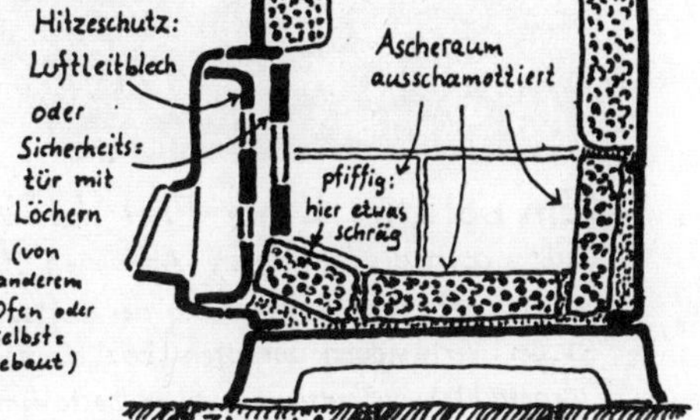

④ Der Ärger mit den Warmluftöfen...

Ein weiterer Nachteil vieler eiserner Öfen, auch derer, die eine Kachelverkleidung haben: Zwischen dem eigentlichen Ofen und der Verkleidung sind Schächte, in denen gezielt die Zimmerluft erhitzt wird. Sinn des Unsinns: Mit der erhitzten Luft läßt sich ein Nebenzimmer durch die offene Tür leidlich mitheizen, mit Wärmestrahlung geht es nicht durch offene Türen und um die Ecken. Die Wirkung ist aber: Heißer Kopf und kalte Füße, denn die heiße Luft steigt unter die Decke, außerdem Zugluft durch die Luftumwälzung - noch kältere Füße. Der Luftzug wirbelt Staub auf, der in den heißen Schächten versengt und sehr ungesund ist. Was tun ? Drei Möglichkeiten mit "Nebenwirkungen".

- Verkleidung abbauen: intensive Wärmestrahlung, aber heiße Oberfläche.
- Schächte mit Stampflehm (Sand-Steinchen-Lehm-Mischung) vollstopfen: mildere Wärmestrahlung, Wärmespeicherung erhöht, Sofortheizeffekt und Wärmeabgabe über den eisernen Ofen verringert, mehr Wärme geht in den Abwärmeofen, diesen daher größer bauen.
- Verkleidung abbauen, eigentlichen Ofen mit Steinen und Lehm ummauern: Effekt wie "vollstopfen", evtl. verstärkt, und: unglasierte Steinoberfläche bringt das biologisch beste Heizklima.

Ein üblicher Kohle-Ekel-Warmluftofen.
Gibt's auch als Kachelofen-Attrappe: Kacheln statt Eisen als Verkleidung der Luftschächte. Besser: Verkleidung abrupfen (heizt dann wie Eisenofen rechts), außerdem ummauern: Beste Wärmestrahlung!

Besser: Eiserner Ofen ohne Luftschächte.
Heizt mit intensiver Wärmestrahlung, aber heißer Oberfläche, speichert wenig Wärme. Dieser hat einen Schieber für Oberluft in der Fülltür - selten und gut für Holzfeuer.

WARNUNG! Fast alle neueren Kaminöfen...

sind als Feuerungsofen für Abwärmeöfen unbrauchbar, wenn sie nicht umgebaut werden. Denn diese Öfen haben werksmäßig einen stark verengten Feuerraum-Ausgang, der bei jedem größeren Feuer als "Flammenersticker" wirkt und die Flammen in massenhaft Ruß und Schwelgase umwandelt - schau' mal ins Ofenrohr... Solche Kaminöfen sind also nur für gedrosseltes Feuer konstruiert. Das Design ist heute halt wichtiger als die Züge, und würde dann auch noch der Flammenersticker fehlen, könnte so heißer Rauch in den Schornstein kommen, daß dieser Risse kriegen und ein Schornsteinbrand ausbrechen könnte. also nehmen die Konstrukteure lieber üble Abgase in Kauf und drücken die herausgeschleuderte Rauchhitze mittels Flammenersticker auf für den Schornstein eben noch ungefährliche Werte.

Schließt man hinter so einen Kaminofen nun einen Abwärmeofen, rußt nicht nur der Schornstein, sondern auch der Abwärmeofen zu. Der Abwärmeofen würde nur lauwarm, der Rauch im Schornstein evtl zu kalt, Versottungsgefahr droht!

Dabei wäre es doch viel sinnvoller, das Feuer im Ofen ungedrosselt brennen zu lassen und mit seiner Hitze auch noch die Züge eines Abwärmeofens aufzuheizen statt die Energie "wegzu-ersticken"...
Also: Raus mit dem Engpaß!! Gelingt es, die Öffnung vom Feuerraum zum Ofenrohr (meist 150 Ø) auf vollen Ofenrohrquerschnitt zu erweitern, ist schon mal die Hauptsache geschafft. Manchmal ist nur eine Schamotteplatte mit zu kleinen Ausgangslöchern (zB 2 Löcher à 6 cm Ø!) eingebaut und sogar herausnehmbar. Leider ist der Ausgang aber oft ein nur knapp 2 cm schmaler Schlitz über die ganze Feuerraumbreite. Da muß schon die Flex ran, um die eingeschweißten Stahlplatten zu verändern.

Im Bereich überm Flammenersticker ist, gedacht als Nachkühlung der erstickten Flammgase mittels eiserner Heizfläche, meistens keine Schamottierung im Kaminofen. Hast Du den Engpaß durchbrochen, kann der Kaminofen in dem Bereich übermäßig heiß werden. Daher solltest Du hier wenigstens teilweise Schamotteplatten einbauen oder mit Schamottemörtel (selbst mischen aus Lehm und Tennisplatz-Ziegelmehl) auskleiden.

Außerdem prüfe, ob die Luftzufuhr des Kaminofens reicht, denn seine Luftlöcher sind für gedrosseltes Feuer dimensioniert und könnten viel zu klein sein (größer bohren). Die Zweitluftlöcher bei manchen Kaminöfen oberhalb der Feuertür sind sinnvoll und wichtig gegen rußende Flammenspitzen, vgl. Heft S. 3.

Aber schließt der Ofen auch wirklich dicht? Nicht selten sind erhebliche Lücken zwischen den Dichtschnur-Stücken der Tür (ergänzen), oder die Glasscheibe hat nur stellenweise Halterungen, wölbt sich etwas, sobald es im Ofen heiß ist, und liegt dann nicht mehr an ihrer Dichtung an, S. 6.

(6) Die Luftlöcher haben meistens undichte Schieber, die Zweitluftlöcher manchmal sogar keinen - passende Verschlußklappen basteln!

Oft gibt es eine ohne jede Dichtung eingeschobene Ascheschublade! Dichtung zwischen Einschubschlitz und Aschekastenfront an den Aschekasten kitten, 2 Vorreiber zum Zudrücken an den Ofen bauen.

Und: Besonders listig sind die manchmal irgendwo an versteckten Stellen hinpraktizierten nicht verschließbaren Zuluftöffnungen, gedacht als "Mindestluft-Öffnungen", damit ein Heiz-Depp nicht einfach brennende Holzscheite im Ofen ersticken kann. Unbedingt suchen & verstopfen!

Zwei Beispiele mit typischen Tücken

Beim Gelegenheits-Kokeln mit gedrosseltem Feuer sind all dies keine schlimmen Mängel, sondern zum Teil sogar Sicherheitsmaßnahmen für unkundige Heizer (TÜV/GS/DIN...). Willst Du aber mit dem Ofen richtig heizen und vor allem Wärme halten im angeschlossenem Abwärmeofen, ist es unbedingte Voraussetzung, daß sich der Ofen, wenn das Feuer abgebrannt ist, wirklich dicht schließen läßt (Heft S. 62/63). Sonst fliegt Dir die gespeicherte Wärme mit der nachgesaugten Kaltluft durch den Schornstein davon.

Ist es zu schwierig, den Kaminofen dicht hinzukriegen, hilft der Trick im Heft S. 53: Spezialklappe im Abwärmeofen, die nach dem Heizen den Zugweg des Abwärmeofens komplett abschließt und nachziehende Gase aus dem Feuerungsofen direkt zum Schornstein läßt.

Also: Kaminöfen erst genau inspizieren, nicht unbesehen als Feuerung für Abwärmeöfen nehmen! Nicht ohne Grund sind die meisten Kaminöfen nur als Zusatzheizung zugelassen und als alleinige Heizung nicht genehmigt. Erst entsprechend verbessert können sie dafür geeignet sein.

Größe (Heizfläche) und Heizkraft des Abwärmeofens ⑦

Wir gehen mal davon aus, daß der Feuerungsofen keine Züge außer evtl. der Umlenkung (Deckenzug) vorm Ofenrohransatz hat, und daß wir den Abwärmeofen aus gewöhnlich gebrannten Ziegeln, hauptsächlich hochkant vermauert, bauen.

Wie groß soll er sein ? Baue ihn mit etwa der dreifachen Heizfläche des Feuerungsofens. Beachte bei Öfen mit Verkleidung oder Luftschächten die Fläche des eigentlichen Ofens, nicht die der Verkleidung.

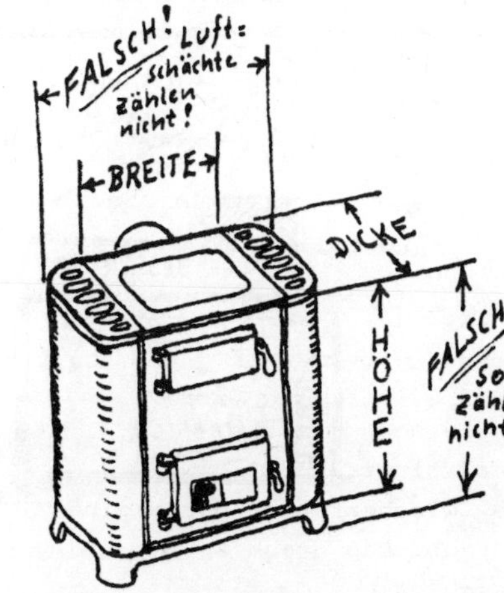

vorhandener eiserner Ofen mit Luftschächten, nicht zugestopft.

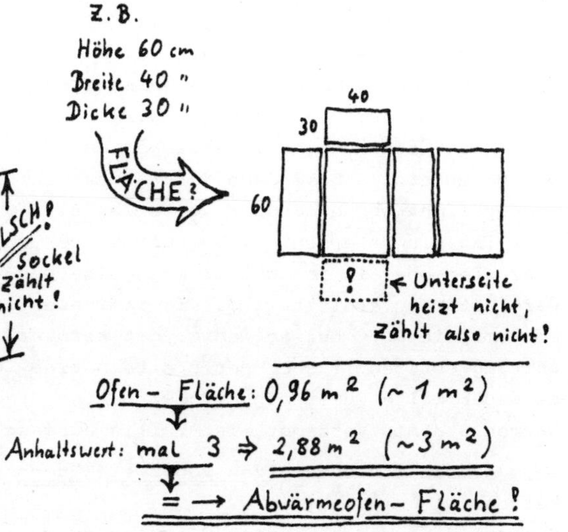

Eher größer ist richtig, wenn:

- der eiserne Ofen weniger Wärme abgibt und mehr durchs Ofenrohr pustet, zB wenn er ummauert oder die Luftschächte zugestopft sind.
- die Steine des Abwärmeofens langsamer Wärme aufnehmen, zB bei besonders schwach gebrannten, recht porösen Ziegelsteinen.
- der Abwärmeofen dick gemauert ist, zB Ziegel liegend oder mit Schamottierung, weil er dann langsamer Wärme ans Zimmer abgibt und für gleiche Heizleistung mehr Oberfläche braucht.

Eher kleiner ist richtig, wenn:

- der eiserne Ofen mehr Wärme abgibt, zB weil er Züge hat, oder wenn er sehr dünn oder gar nicht schamottiert ist (Herdplatte!).
- die Steine des Abwärmeofens schneller Wärme aufnehmen (und abgeben), zB bei hart gebrannten Ziegeln (Klinker).
- die Abwärmeofenwände besonders dünn sind (Leichtbauweise mit Platten).

Was schafft er ? Sollen Ofen und Abwärmeofen im gleichen Zimmer stehen, sparen wir uns alle Knobelei, es kann nur besser werden als bisher.

Soll er ein zweites Zimmer heizen, reicht er ungefähr für eins so groß wie das, wofür der eiserne Ofen reicht. (Näheres S. 52)

Praktische Fälle zum Aufstellen findest Du auf den nächsten Seiten.

⑧ Aufstellen des Abwärmeofens

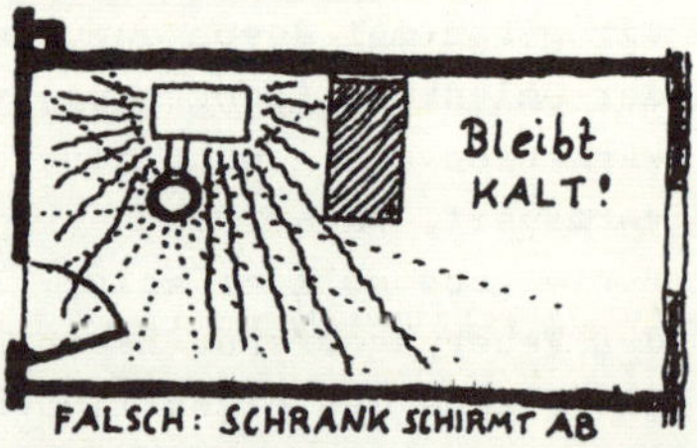

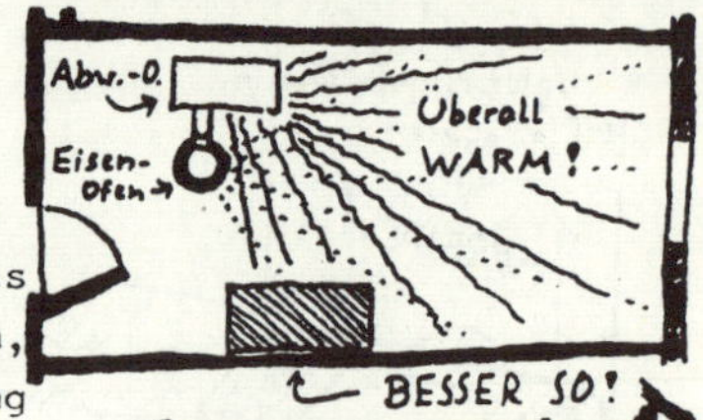

Der Abwärmeofen soll möglichst frei stehen, damit die Wärmestrahlung ungehindert wirksam wird. Sie breitet sich aus wie Sonnenstrahlen, was im Weg steht, schirmt sie ab. Die Wärme wird dann nur wirksam, indem sie die Luft zwischen Abwärmeofen und Hindernis erwärmt. Damit die warme Luft gut herauskommt, darf der Zwischenraum nicht zu eng sein, mindestens 5, besser 10 cm. Meistens wird der Abwärmeofen mit einer Seite zur Wand hin stehen. Wenn auf die Weise ein Teil seiner Wärme nur über Warmluft wirkt, ist das noch nicht schlecht, bei verwinkelten Räumen, bei denen einige Ecken von der Wärmestrahlung nie erreicht würden, sogar vorteilhaft.

Es ist ein Unterschied, ob Luft hinter dem Steinofen oder in Schächten eines eisernen Warmluftofens erhitzt wird. Die Steinoberfläche erwärmt die Luft nur so wenig, daß kein kräftiger Luftzug entsteht (daher der breite nötige Zwischenraum), darum gibt es weder kalte Füße,noch aufgewirbelten Staub. Daß Staub an den warmen Steinen versengt, ist völlig ausgeschlossen.

Beim Aufstellen zum Heizen von zwei Räumen gibt es mehrere Möglichkeiten:

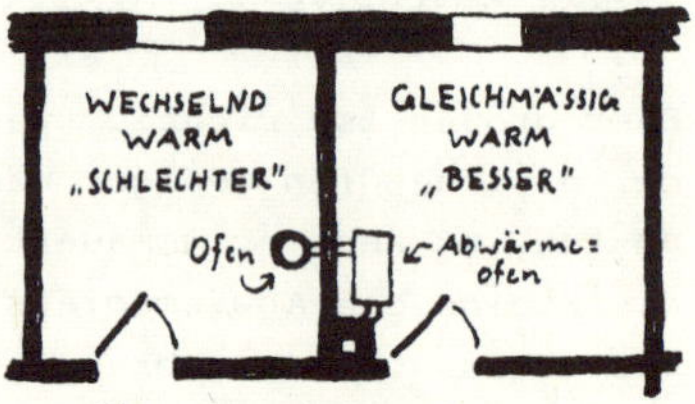

Zimmer etwa gleich

Eisenofen im einen Zimmer, Ofenrohr durch die Wand, Abwärmeofen im anderen Zimmer. Wenig Arbeit an den Wänden (wichtig bei Mietwohnungen!), aber unterschiedliche Heizwirkung in den Zimmern. Das Ofenzimmer wird schnell warm und schnell wieder kalt, wenn nicht mit Kohle geheizt wird, das Abwärmeofenzimmer wird langsamer, aber lange anhaltend und gleichmäßig warm. Wenn die Zimmer ungleich groß sind, den Abwärmeofen ins größere Zimmer, oder den Ofen in das weniger genutzte Zimmer stellen, wo nur bei Bedarf geheizt wird und das Abwärmeofenzimmer davon dauernd warm wird.

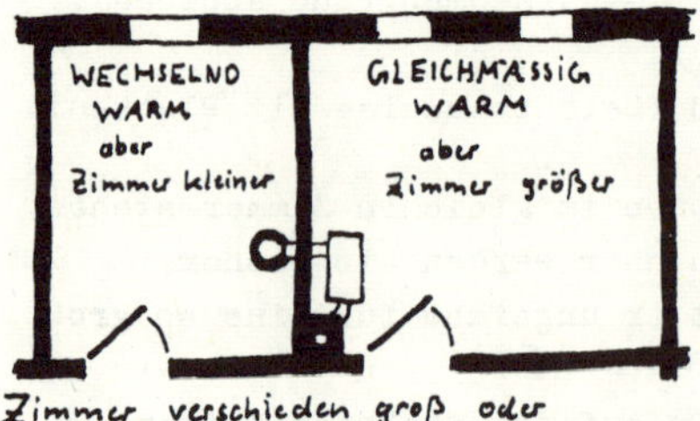

Zimmer verschieden groß oder verschiedener Wärmebedarf (zB. 2 Außenwände)

Ein Zimmer nur zeitweise genutzt, oder weniger Wärme gewünscht

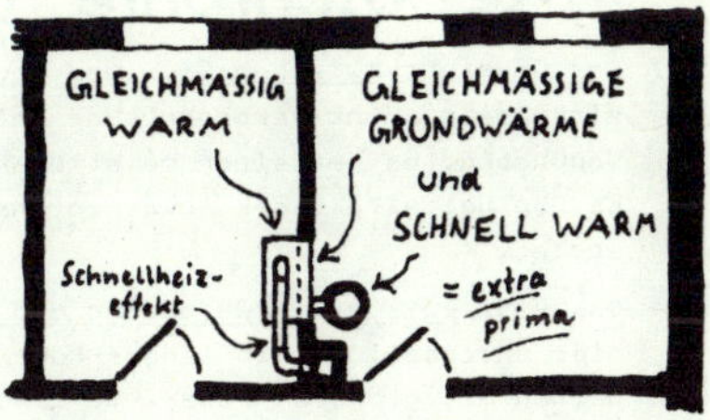

Abwärmeofen durch die Wand gebaut.

Abwärmeofen in die Wand gebaut bringt mehr Heizleistung ins Ofenzimmer, außerdem auch im Ofenzimmer lange anhaltende Wärme. Bei verschieden großen Zimmern den Ofen ins größere, bei sehr großem Unterschied soll der Abwärmeofen nicht, wie gezeichnet, ins Abwärmeofenzimmer vorstehen, sondern ins Ofenzimmer.

Ein langes Ofenrohr im Abwärmeofenzimmer bringt auch dort einen schnellen Heizeffekt zusätzlich zur Dauerwärme vom Abwärmeofen.

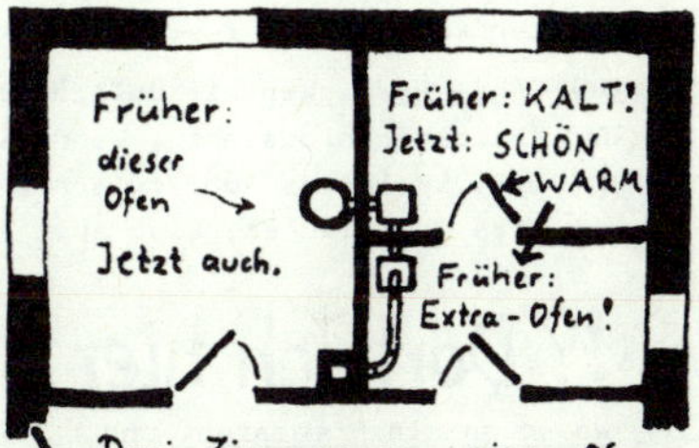

Drei Zimmer von einem Ofen warm – fast schon Zentralheizung!

Drei Zimmer: Ofen ins größte Zimmer, Abwärmeofen so in die kleineren, daß im kleinsten der letzte Zug oder das kleinere Stück des Abwärmeofens steht. Statt den Abwärmeofen durch die Wand zu bauen, können wir ihn in zwei Teilen bauen, die mit Ofenrohren durch die Wand verbunden sind.

Sind die Zimmer etwa gleich groß, würde das Ofenzimmer zu warm, wenn der Ofen nicht ummauert, wenn nötig sogar in die Wand gebaut und der Abwärmeofen übergroß ausgeführt ist.

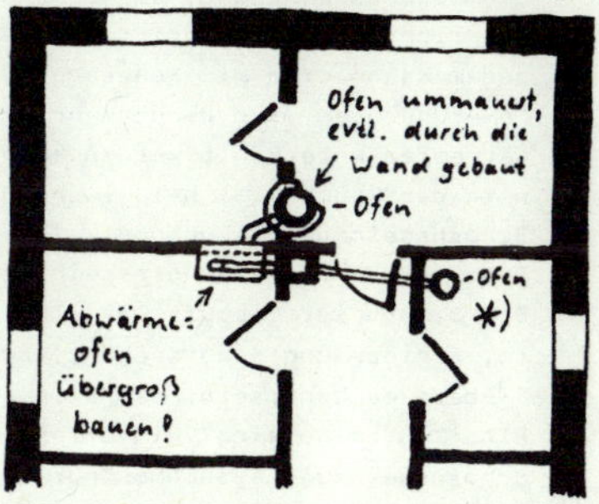

*) Ein kleines, abgelegenes Zimmer kann sogar noch über Wasser temperiert werden, das in einem Wärmetauscher im Abwärmeofen warm wird! (S.55)

Bedenke beim Planen nicht nur Zimmergröße und Benutzung (zeitweise oder dauernd?), sondern auch Wärmeverlust und -gewinn (mehrere Außenwände, Nordseite? An gut geheizten Raum angrenzend, vom Nachbarn geheizter Schornstein, Südfenster?)

Heizen wir mit Holz, können wir davon ausgehen, daß gut die Hälfte der Wärme über den Abwärmeofen abgegeben wird. Haben wir uns beim Aufstellen verschätzt, können wir mit Heiztricks einiges ausgleichen:

- Ofenzimmer zu kalt: länger und mit kleinerer Flamme heizen, weniger, aber größere Stücke nachlegen, möglichst viel Glut (Buchenholz). Notfalls mit Kohle heizen.
- Abwärmeofen zu kalt: Öfter kurze Zeit mit großer Flamme heizen, Kleinholz, wenig Glut (Fichte, Pappel). Sonst Ofen-Luftschächte zustopfen oder Ofen ummauern und Abwärmeofen vergrößern.

Die Hinweise zum Aufstellen gelten für die üblichen Öfen ohne Züge, allenfalls der Umlenkplatte (Deckenzug) vorm Ofenrohransatz.

Die Ofenrohre und der Heizeffekt 

Das Ofenrohr zwischen Ofen und Abwärmeofen wird sehr heiß und darf deshalb keinesfalls verzinkt sein, Zink verbrennt und entwickelt giftige Dämpfe! Ein zu langes Ofenrohr ist hier ungünstig, es hat einen meist unangenehm kräftigen Schnellheizeffekt. Vor allem vermindert es den Heizeffekt des Abwärmeofens, weil es viel Wärme schon auf dem Weg zum Abwärmeofen abgibt.

Das Rohr zwischen Abwärmeofen und Schornstein wird nicht sehr heiß, verzinktes Rohr ist hier unschädlich. Ein langes Rohr hier bringt einen milden Sofortheizeffekt, aber nur beim Heizen mit größerem Feuer. Zu langes Rohr kann bei zu kleinem Feuer, schlechtem Schornstein oder gar feuchtem Brennholz Probleme mit zu kalten Abgasen bringen (Sott!) Aber: wir haben einen Abwärmeofen (dimensioniert nach S 7/52) mit verboten langem Ofenrohr (5 Meter durch ungeheizten Raum) an altem Schornstein getestet und bei richtigem Heizen auch nach drei Monaten keinen Sott feststellen können.

Ofenrohre streichen wie üblich mit Silberbronze vermindert die Wärmeabgabe des Rohres sehr und ist daher blödsinnig, wenn nicht aus besonderem Grund die Wärmeabgabe verringert werden muß (zB. zu langes Rohr zwischen Ofen und Abwärmeofen). Schwarz streichen ist jedoch günstig, schwarze Oberflächen, also auch schwarze Ofenrohre, strahlen mehr Wärme ab.

!? Darf ich hier einen Ofen anschließen ?!

Wo schon ein Ofen steht und Du nur einen Abwärmeofen dazubaust, belastest Du den Schornstein nicht zusätzlich, also kein Problem. Wo vorher kein Ofen angeschlossen war, frage unbedingt den Schornsteinfeger, um Ärger oder gar Unfälle zu vermeiden! Gegen Mißverständnisse helfen die richtigen Fachbegriffe: Abwärmeofen = "nachgeschalteter Heizgaszug". Ein solcher ist in jedem Kachelofen mit Feuerungs-Einsatz drin, also nichts Ungewöhnliches. Und: der vorhandene Feuerungsofen wird nicht mehr mit gedrosseltem Kohlefeuer betrieben (wobei der Rauch im Abwärmeofen unterkühlt werden könnte), sondern umgerüstet für ungedrosseltes Holzfeuer. Dabei wird der Rauch viel heißer und muß sogar durch einen nachgeschalteten Heizzug, ehe er in den Schornstein darf. Nebenbei gibt das endlich eine saubere Verbrennung.

So versteht der Schornsteinfeger sicher sofort, daß Dein Vorhaben gut und sinnvoll ist. Die Bauart ist geprüft, das Ingenieursgutachten zum "Abwärmeofen" kann ich für DM 25,- (Porto, Kopier- und Schutzgebühr) schicken.

Aber: es kann sein, daß Dein Schornstein schon ausgelastet ist: viele angeschlossene Öfen? eine Zentralheizung? ein offener Kamin? Gasgeräte? Dann darf nichts Zusätzliches an den Schornsteinzug, Ausnahmen nur mit Prüfung und Sondergenehmigung vom Schornsteinfegermeister!

Wie gut zieht der Schornstein ?

Im Sommer zieht der Schornstein meistens schlecht, weil's draußen wärmer ist als drinnen und die kalte Luft im Schornstein runterfällt. Während der Heiz-Zeit soll der angewärmte Schornstein so gut ziehen, daß eine Kerzenflamme, ans Ofenrohrloch gehalten, langgezogen oder gar ausgepustet wird. Tut er das, ist's gar kein Problem, den Abwärmeofen nur mit Gasschlitzen zu bauen. Zieht er schlechter oder (kommt oft vor, erst recht wenn hohe Bäume oder Häuser in der Nähe den Wind verwirbeln) je nach Wetterlage verschieden, bauen wir besser eine Anheizklappe in den Abwärmeofen. Sonst kriegen wir den Ofen vielleicht nur mit großem Gequalme in Gang...

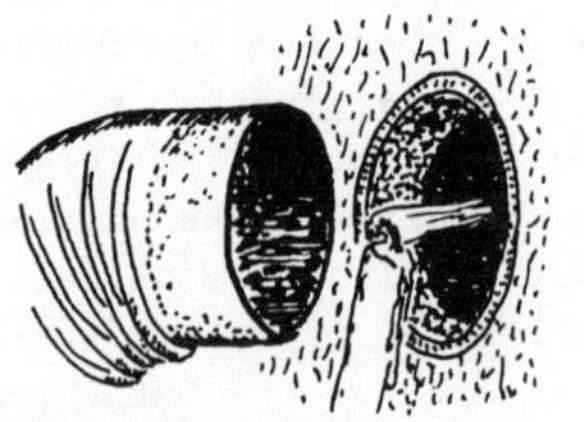

Jst etwas Brennbares in der Nähe?

Vorgeschriebene Sicherheitsabstände zu Holzbalken, Holzdecken und -wänden, zu Einbaumöbeln (nach Feuerungsverordnung zur Musterbauordnung, Stand 198o, laut § 5 Abs. 7,8; § 7 Abs. 2,3)

Abwärmeofen (ganz aus Stein) mind. 2o cm
Feuerungsofen (Eisen) mind. 4o cm, zur Decke mehr
Ofenrohre: mind. 4o cm, Ausnahme: von "Türbekleidungen u. ä. untergeordneten Bauteilen aus brennbaren Baustoffen"mind. 2o cm

Halber Sicherheitsabstand möglich, wenn ein hinterlüftetes Blech die Wärmestrahlung abschirmt. Für Ofenrohre viertel Sicherheitsabstand möglich, wenn mind. 2 cm dick isoliert mit "nicht brennbaren, formbeständigen Materialien".

Wenn wir mit Ofen und Abwärmeofen 2 Zimmer heizen, muß das Ofenrohr durch die Wand. Sind zB Balken in der Wand, muß das Ofenrohr 2o cm davon wegbleiben und der Zwischenraum zum Balken hin mit "Baustoffen geringer Wärmeleitfähigkeit" (also nicht mit Klinkern oder gar Beton) ausgemauert werden. Ist ein Hohlraum in der Wand, mauern wir den besonders sorgfältig zu.

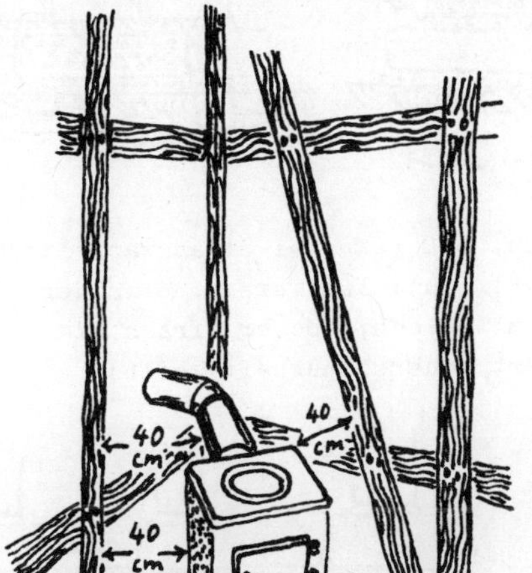

Sicherheitsabstände zum eisernen Ofen, zum Ofenrohr, Ofenblech nach vorn, seitlich, unten gegen Wärmestrahlung.

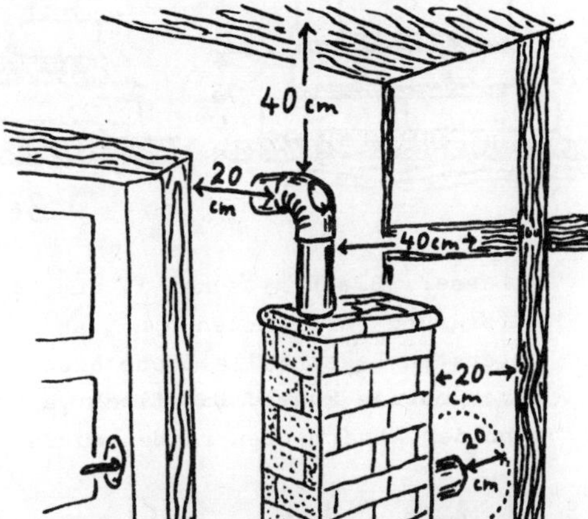

Sicherheitsabstände zum Abwärmeofen ganz aus Stein, zum Ofenrohr, Ofenrohr in Wand, Unterbau des Abwärmeofens.

Schutz brennbarer Fußböden: Unterm Feuerungsofen Wärmestrahlungs-Schutz. Von der Tür des Feuerungsofens nach vorn 5o cm, zur Seite 2o cm. Einfach zB Blech unterm/vorm Ofen, bei Öfen, die unten merklich warm werden, unters Blech noch feuerfestes Material, zB Gipsfaserplatte ("Fermacell"). Oder schöner: Steine oder Fliesen auf den Fußboden, Fugen dichtmauern!

Gefahr: Alte Dielenfußböden mit durchgehenden Ritzen! Ein Stück Glut, das durchfällt, verursacht leicht einen Schwelbrand. Ritzen abdichten!

Schutz des Fußbodens unterm Abwärmeofen: "Unterlage aus nichtbrennbarem Baustoff in ausreichender Dicke" sagt die Vorschrift. Was reicht aus?

Bei kleinen Abwärmeöfen (nicht über 1¼/1½ Stein dick) Unterboden aus mind. 2 Lagen Ziegel, mind. 15 cm dick ohne durchgehende Fugen mauern. Möglichst poröse Steine, keine harten, wärmeleitenden Klinker!

!! Beton ist stark wärmeleitend und keine Wärmeschutzschicht (S.15) !!

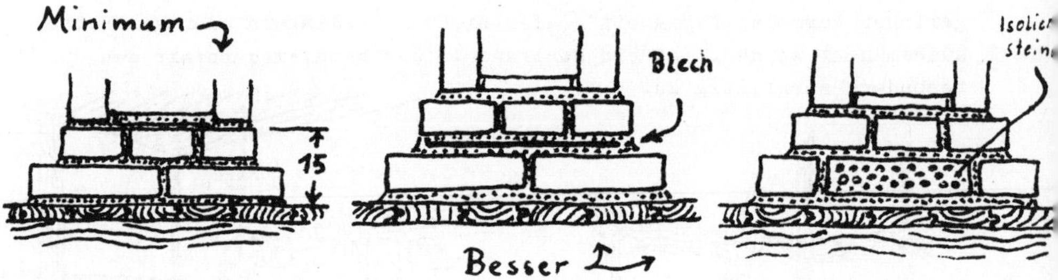

Besser: Blech zwischen 1. und 2. Lage, muß rein bei etwas wackeligem Untergrund (Ofenkanten nicht auf Balken). Gut: Isoliersteine in der untersten Lage. Falls Lochsteine: Nur mit Blech, Löcher wirken wie durchgehende Fugen. Das Blech garantiert Feuersicherheit, selbst wenn der Abwärmeofen reißen würde!

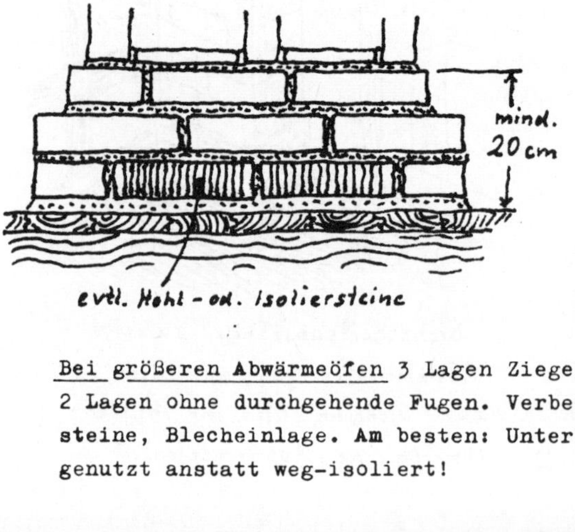

Bei größeren Abwärmeöfen 3 Lagen Ziegel, mind. 2o cm dick, davon mindestens 2 Lagen ohne durchgehende Fugen. Verbesserungen: Unten Loch- oder Isoliersteine, Blecheinlage. Am besten: Unterbau mit Luftkanälen, Wärme wird genutzt anstatt weg-isoliert!

Trägt der Untergrund?

Die Gefahren sind:

- Boden bricht ein - sehr unwahrscheinlich, Ausnahme: schwimmender Estrich
- Boden federt, Ofen schaukelt - häufig bei Holzfußböden, schadet nicht, wenn Ofen mit beweglichem Ofenrohr angeschlossen ist (nicht eingemauert)
- Balken liegen steif, Dielen biegen sich - schadet nicht, wenn Ofen an günstiger Stelle steht, am besten auf 2 Balken
- Balken biegen sich verschieden je nach Belastung, zB wenn Leute im Zimmer herumlaufen - nur mit steifer Bodenplatte sicher (zB Betonplatte)
- verschieden nachgiebige Untergründe (Holz/Stein) - Nur mit Bodenplatte!

Holzfußboden:

Ein "Standard"-Abwärmeofen aus ca 100 Ziegelsteinen wiegt ca 300 kg. Auch Holzfußböden sind fast immer tragfähig genug dafür, nur biegen sie sich oft ein wenig durch - und wenn der Abwärmeofen dann falsch steht, kriegt er unweigerlich Risse!

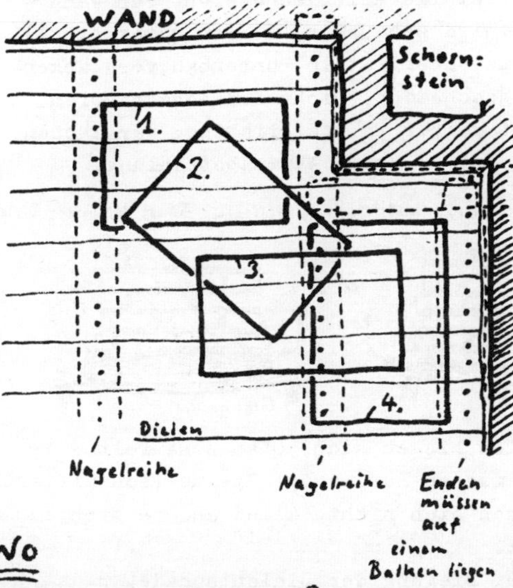

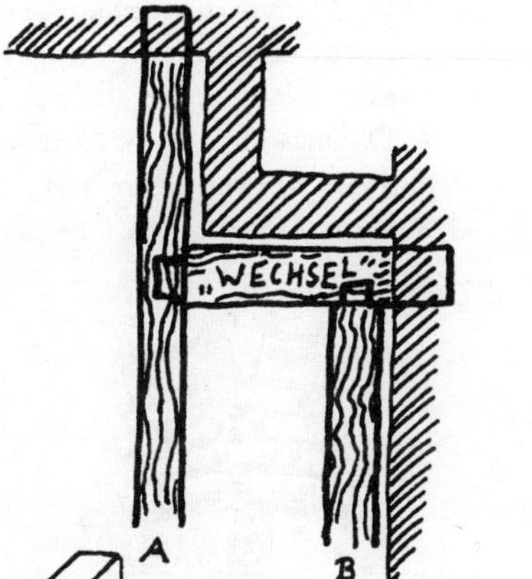

Wo liegen die Balken?

Du siehst es an den Nagelreihen, mit denen die Dielen fest sind. Der Klang beim Abklopfen gibt etwas ungenauere Hinweise. Eins ist klar, die Dielen-Enden liegen immer auf einem Balken, also läuft schon mal einer quer zu den Dielen an der Wand lang. Wo die Balken-Enden in der Wand aufliegen, ist der stabilste Bereich.

Achtung bei Schornsteinen: Niemals steckt ein Balken-Ende im Schornstein (würd' ja sonst abbrennen), sondern die Zimmerleute verankerten es so:

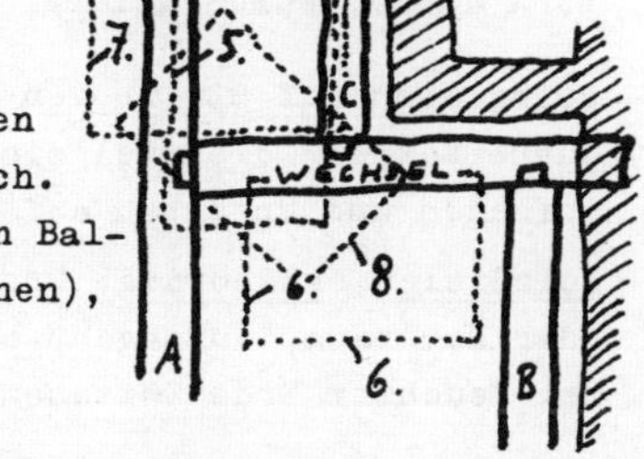

Oberes Beispiel, Balken B steckt in einem kurzen, quer liegendem Stück, dem "Wechsel", dieser steckt im Balken A und in der Wand. Balken A ist durchs Zapfenloch etwas geschwächt, aber nur für sehr schwere Abwärmeöfen bedenklich, zB für liegend gemauerte.

Unteres Beispiel: Bei kleineren Schornsteinen ist der Wechsel meistens lang, darin steckt ein kurzer Balken C als Auflage für die Dielen-Enden. Das Ganze hält weniger Gesamtgewicht aus als das obere Beispiel.

Wo könnte nun der Ofen stehen? (Beispiel oben Nr 1-4, unten Nr 5-8) (S.13)

1. einigermaßen stabil (Dielen können sich biegen, daher bei dünnen Dielen Bohlen auflegen). Viel Heizfläche steht zur Wand.
2. Sehr wackelig! Nur mit vergrößerter Betonplatte. Prima Wärmeabstrahlung!
3. Ofen "reitet" auf Balken, gibt Risse! Auch mit Betonplatte kippelig!
4. sehr stabil, keine Verstärkung nötig! Viel Heizfläche steht zur Wand.
5. stabil ohne Unterbauverstärkung. Einige Heizfläche steht zur Wand.
6. Nur für leichte Öfen brauchbar (wird schaukeln, Bohlen unterlegen!)
7. stabil, nur wenn Überstand (links) über ½ Stein, Unterbau verstärken.
8. Weil Balken durch Zapfenlöcher geschwächt, nicht für schwere Öfen, bei dünnen Dielen oder wenn Standort weiter in Pfeilrichtung verschoben, Bohlen unterlegen, besser Betonplatte. Prima Wärmeabstrahlung.

Typische Fälle:

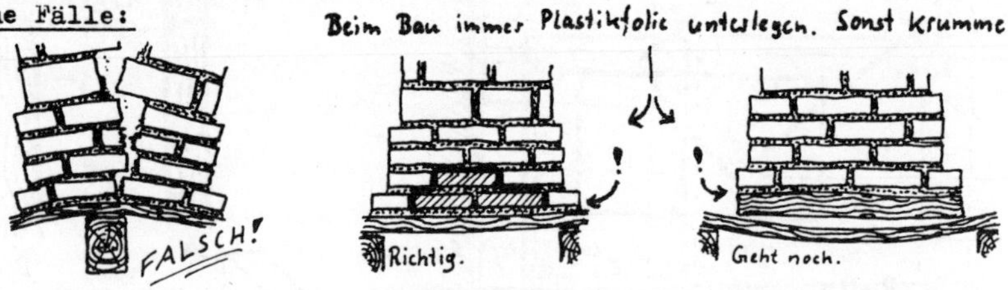

Falsch: Ofen auf einem Balken, Dielen biegen sich, Ofen schaukelt & reißt!

Richtig: Ofen auf 2 Balken. Dielen müssen nur wenige Steine (schraffiert) tragen, schaffen sie locker, biegen sich nicht. Alles andere steht letztendlich auf den Balken. Hält.

Geht noch: Ofen zwischen den Balken. Biegung der Dielen schadet nicht, wenn Bohlen untergelegt sind und Balken dicht daneben liegen.

Wenig tragfähiger Holzfußboden (Möbel wackeln, wenn man fest aufstampft, Balken biegen durch, wenn mehrere Leute gleichzeitig in den Knieen federn): Abwärmeofen nicht hochformatig bauen, sondern in Form einer Ofenbank an der Wand entlang, in der die Fußbodenbalken aufliegen. Plan S.42.

Holzdielen auf Steinboden (zB Kellerdecke): Die "Balken" sind oft nur dünne Latten, die vielleicht nur punktweise aufliegen! Besser die Dielen aufsägen und Unterbau auf Steinboden mauern (gut mit Isoliersteinen).

Holzdielen, ebenerdig: Probebohrung machen. Falls nicht auf fester Erde oder Hohlraum, aufsägen, bis auf feste Erde ausgraben, Unterbau mauern. Bei feuchter Erde Zwischenlagen aus Dachpappe. Mietwohnung: Betonplatte.

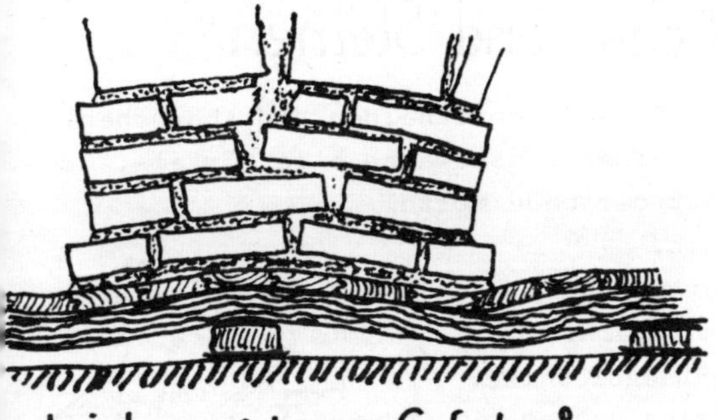

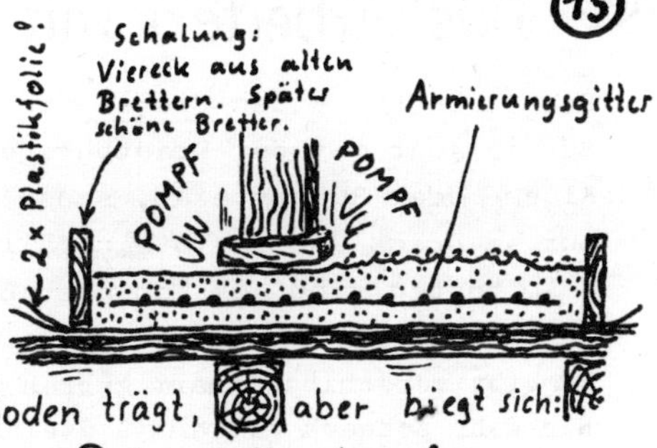

Wenn wir zwangsweise einen <u>unsicheren Standort</u> nehmen müssen (schlechte Stelle vom Holzfußboden im oberen Stockwerk), wenn der Ofen auf verschiedenen Untergründen steht (halb auf Steinwand, halb auf Holzboden), oder wenn wir kein Fundament bauen dürfen (Mietwohnung, Dielen ansägen gibt Ärger): Armierte Betonplatte stampfen! Für kleinere Öfen reicht 6 cm Dicke mit 1 Armierungsgitter, für große Öfen 9-12 cm, 2x armiert. Um den Boden drunter nicht zu beschädigen, 2x Plastik unterlegen! Beton erst nach 3 Tagen vorsichtig bebauen, Aushärten dauert 4 Wochen! Dann kann der Ofen höchstens insgesamt schaukeln, aber nicht reißen.

Öko-Methode mit weniger Eigengewicht: Unterbau aus Bohlen kreuzweise oder Balken zimmern. Nicht nach DIN, aber schön und haltbar...

<u>Bei gar nicht belastbaren Fußböden</u> (zB ausgebaute Dachböden o.ä.) den Abwärmeofen zB aus Platten im Eisenrahmen bauen und an die Wand schrauben. Wirkt prima trotz Leichtbau! Plan S.37.

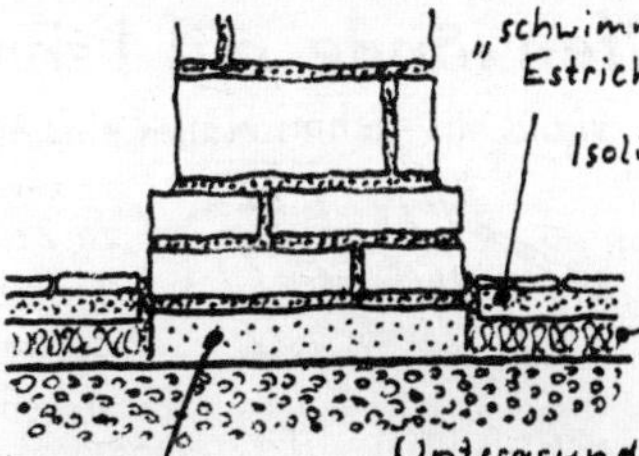

<u>In die Wand bauen:</u> Wenn die Wand auf einer darunterliegenden steht, sehr sicher, schwere Bauweisen möglich, wenn der Ofen mittig steht, nur wenig übersteht oder Überstände auf Balken liegen, die in der Wand stecken. Wenn auf Balken parallel zur Wand: Nur mit Bodenplatte!

<u>Auf Steinfußböden:</u> Durchbiegen kein Problem, Tragfähigkeit nur bei schweren Öfen und dünnen, knapp kalkulierten Böden. Ausnahme: "Schwimmender" Estrich! Könnte einbrechen, weil Isolierung drunter wenig trägt. Bei hohen Öfen lieber Estrich aufschneiden (Flex) und auf den eigentlichen Steinboden bauen. Mietwohnung: verbreiterten Sockel bauen, Last-Verteilung.

⑯ Das Arbeiten mit Lehm und Steinen

Die schönsten alten Ziegel findest Du auf Schutthalden und Abbrüchen. Bürste aber mit der Drahtbürste in einer Wasserwanne alle Mörtel-, Erd-, Algen- oder Rußreste ab, sonst hält der neue Mörtel nur am Dreck und der Stein fällt ab.

Am besten sind aus Ton oder Lehm gebrannte Ziegel, und sie müssen ungelocht sein. Es gibt verschieden hart gebrannte Ziegelsteine. Nur sehr schwach gebrannte Steine sind schlecht, sie leiten die Wärme so langsam, daß der Ofen leicht reißt, weil der Stein sich innen ausdehnt und außen noch kalt ist (wie sonst Liegend-Mauerwerk). Der Ofen heizt schwach und unwirtschaftlich, weil die Wärme innen eingesperrt bleibt und viel wieder im Schornstein verschwindet.

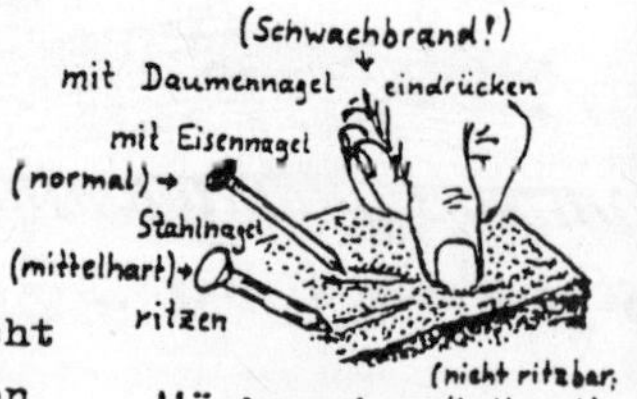

Härteprobe

Für die anderen Sorten gilt: je härter gebrannt, umso schwerer und massiver das Steingefüge, umso schneller die Wärmeleitung und intensiver die Wärmeabstrahlung. Aber: Hartbrand-Klinker platzen leicht bei schneller Erhitzung, halten manchmal weniger lange die Wärme, haben starke Wärmedehnung und halten nicht so gut im Lehm, wenn sie glatt sind. Daher schütze sie im 1.Zug (Hitze!) mit Lehmputz oder Schamotte.

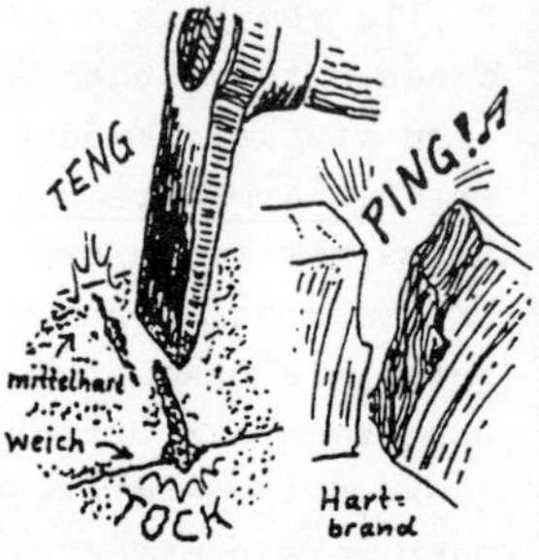

Klang-, Schlag-, Bruchprobe

Auskleidung brauchen Abwärmeöfen, wenn überhaupt, meist nur im 1.Zug: Lehmputz ist einfach, jeder Form anzupassen und hat sich bestens bewährt

Ofenwände mit Lehmputz auskleiden:

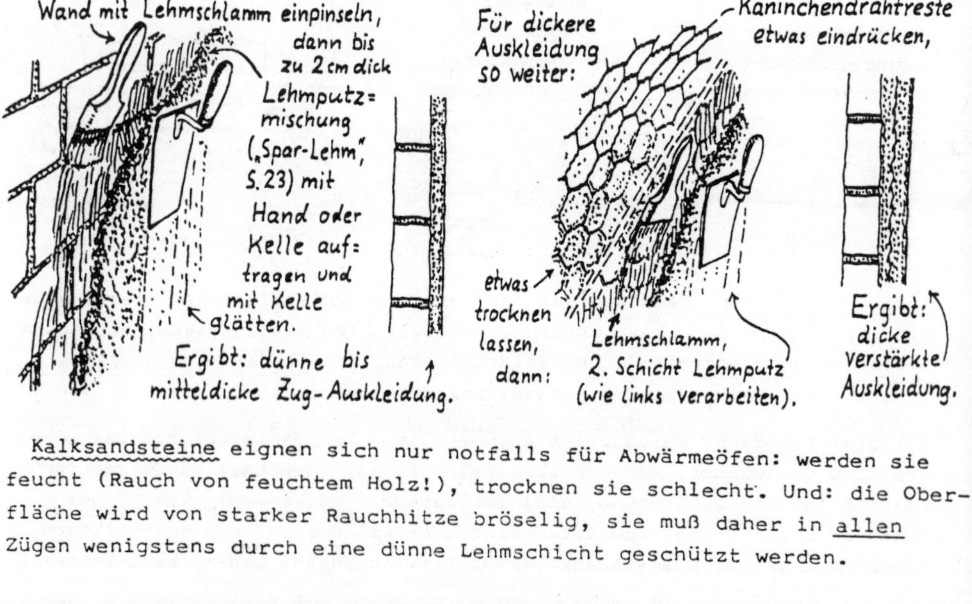

Kalksandsteine eignen sich nur notfalls für Abwärmeöfen: werden sie feucht (Rauch von feuchtem Holz!), trocknen sie schlecht. Und: die Oberfläche wird von starker Rauchhitze bröselig, sie muß daher in allen Zügen wenigstens durch eine dünne Lehmschicht geschützt werden.

Zum Ofenbauen ist Lehm der beste Mörtel, er ist feuerfest und wird bei Hitze nur noch fester, ist nicht zu hart, so verträgt er die Wärmespannungen (Ausdehnen und Zusammenziehen des Ofens), vielerorts in Massen zu finden, gratis, völlig öko, einfach und unschädlich beim Verarbeiten. 1 Sack Kalk oder Zement verbrauchten 300 bis 400 kWh Herstellenergie (Brennen!), sind ätzend, Zementmörtel reißt leicht bei Wärmespannungen (nur für die äußerste Schicht bei Öfen draußen, weil wasserfest). Der einzige Nachteil von Lehm: er schrumpft beim Trocknen. Damit es keine Trockenrisse gibt, mischen ("magern") wir ihn je nach Zweck mit Sand.

Für extra feuerfesten Mörtel oder Putz (auch als Feuerraum-Auskleidung geeignet!) nimm statt Sand Ziegelmehl (von Tennisplätzen).

Lehm ist ein Naturmaterial und hat je nach Fundort andere Zusammensetzung und Eigenschaften. Aus den stets wechselnden "Lehmen" immer den bestmöglichen Mörtel zu machen verlangt einige Übung, aber auch eine nicht "ideale" Mischung ist noch bestens zum Mauern - nach den Hinweisen hier kriegst Du leicht eine brauchbare hin. Wenn Du es ganz genau wissen willst, mache Mauerversuche. Auch die Steinsorte hat Einfluß darauf, welche Lehmmischung die beste ist...

Wichtig: Dünne Fugen! Trockener Mörtel! Nasse Steine!
Kalk- und Zementmörtel werden durch chemische Reaktionen fest. Lehmmörtel bindet einfach durch seine Klebkraft, indem er trocknet. Weil dabei Wasser verschwindet, schrumpft der Mörtel, je dicker die Schicht, umso mehr! Drum mauern wir mit gewässerten Steinen (spart Wasser im Lehm) und dünnen Fugen! ½ cm Fugenstärke ist Richtwert! Dünnere Fugen sind oft häßlich und schwer hinzukriegen, weil die Steine ungleichmäßig sind, dickere Fugen halten weniger und reißen leichter.

Lehmmörtel mischen aus:
- gewaschenem Sand (ohne Staubsand), evtl Steinchen raussieben
- reinem, sandigen oder steinigen Lehm (möglichst ohne Staubsand!)
- Wasser.

· Lehm 1-3 Tage einsumpfen (weniger Stampfarbeit),
· zu Brei stampfen (nicht aufgelöste Klümpchen = verschenkte Klebkraft),
· durchs Sieb drücken (Steine raus) wenn nötig.
· Brei und Sand 1:1...1:5 mischen je nach Reinheit und Tonartigkeit.

Die richtige Mischung für ½ bis 1 cm Fugenstärke (Mauerlehm): (prüfen s.S. 18)
Gib zuerst nicht zu viel Sand zum Lehmbrei, Wasser nur wenn nötig, mische gründlich durch und prüfe, ob die Mischung schon stimmt: prüfe immer erst Breiigkeit (Wasser), dann Klebrigkeit (Lehm-Sand-Verhältnis)!

1. So viel Wasser zugeben, bis der Graben, den Du mit der Kelle ziehst, zwar etwas zusammensackt, aber nicht zuläuft.
2. Kelle mehrmals schnell reinstechen und rausziehen. Bleibt Lehm in immer größer werdenden Klumpen an der Kelle kleben, fehlt noch Sand. Wieder etwas Sand zumischen, bis eben nicht mehr klebt. Nicht zuviel, Nur Sandmangel läßt sich so prüfen, Sandüberschuß nicht!

Mauerlehm prüfen

Zum Mauern möglichst nicht mehr Wasser zumischen (Trockenschwindung), lieber Steine länger wässern. Nur beim Mauern auf angetrocknetem Mauerwerk mit stark saugenden Steinen ist mehr Wasser im Lehm nötig.

Für Fugen dicker als 1 cm und zum Lückenfüllen mehr Sand zumischen, weniger Klebkraft, aber keine Trockenschwindungsrisse (Sparlehm).

Schamottier-Lehm (zum Anreiben von Schamotteplatten = großflächige dünne Fuge, kräftiges Andrücken nicht möglich): wie Mauerlehm, aber mehr Wasser nötig (breiig, Graben läuft zu), gegen Schwinden viel mehr Sand (½ - 1 x so viel wie für Mauerlehm zusätzlich reinmischen).

Stampflehm (für Zug-Auskleidungen, Ofenböden, Gewölbe): Sandmenge wie für Mauerlehm nehmen und merken, dann 1 x diese Menge Gemisch aus kleineren und größeren Steinchen (feiner Betonkies oder Ziegelsplitter, Ofenbauabfall) und ½ bis 1 x die Menge Sand zusätzlich reinmischen. So trocken wie möglich verarbeiten (erdfeucht, krümelig, kein Brei!), wird erst durchs Stampfen zusammengebackt!

Lehmschlämme zum Vorpinseln, Glätten, Poren abdichten: ungemischten Lehm mit viel Wasser flüssig (ähnlich wie Farbe) anrühren.

Vorsicht mit staubsandhaltigem Lehm! (Lößlehm o.ä.) Staubsand verringert Bindekraft sehr, aber nicht die Trockenschwindung. Weniger Sand zugeben als nach Mauerlehm-Prüfmethode nötig, sonst zu wenig Haltbarkeit. Für Mischungen, die viel Sand enthalten müssen, manchmal nicht mehr brauchbar (Versuche machen)!

Wir mauern

Lehmmörtel ätzt nicht wie Kalk oder Zement, Du kannst ihn einfach mit den Händen verarbeiten. Nimmst Du die Kelle (am besten eine kleine trapezförmige) bleiben die Hände und die Steine sauber...

Die wichtigste Maurer-Regel heißt: "Immer im Verband mauern !" und das bedeutet: jede senkrechte Fuge mit dem drüberliegendem Stein überbrücken. Nie Fuge über Fuge, hält nicht! Besonders aufpassen bei Reinigungsöffnungen.

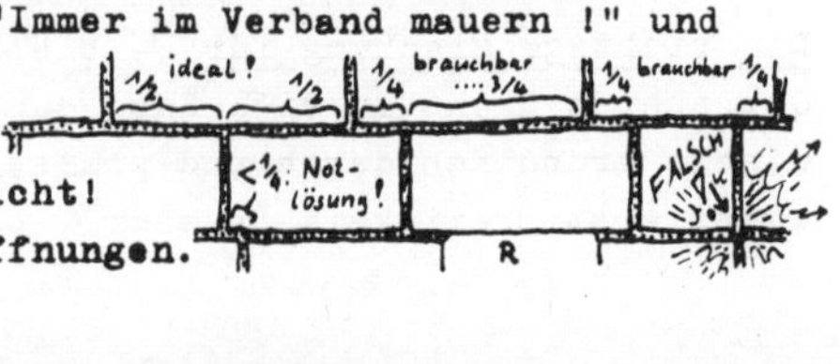

Das Mauern Schritt für Schritt

Steine wässern bis Blubbern nachläßt, nach Brandhärte 5 - 3o Minuten. Bei nicht saugenden Steinen reicht Eintauchen. Trockene Steine saugen Lehm trocken, bevor der Stein richtig sitzt und ehe der Lehm sich porentief mit dem Stein verbinden konnte!

Abtropfen und Lüften lassen mindestens bis kein Wasserfilm mehr sichtbar. Wasserfilm trennt Lehm vom Stein, Stein schwimmt auf der Fuge.

Fugen-Flächen von Stein und Mauerwerk einschlämmen, Lehmschlamm gibt gute Haftung des Lehmmörtels am Stein. Angetrocknetes Mauerwerk vorher mit Wasser pinseln!

Mörtel für waagerechte Fuge ("Lagerfuge","Setzfuge") aufs Mauerwerk auftragen, auf ganze Fläche verteilen, glattstreichen, leicht ballig, sonst Lufteinschluß!

Mörtel für senkrechte Fuge ("Stoßfuge") auf Stein auftragen, auf ganzer Fläche, ballig!

Bei angetrocknetem, saugenden Mauerwerk besser: Erst Stoßfuge, dann Setzfuge. Bei feuchter Mauer oder wenig saugenden Steinen möglich und praktisch: Setzfuge für mehrere Steine zugleich auftragen.

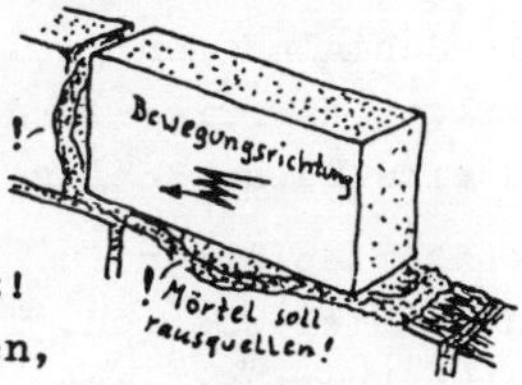

Stein setzen, andrücken (in Längsrichtung schieben, nie kippeln!) und gegen Stoßfuge schieben. Lehm soll überall aus der Fuge quellen! Nur volle Fugen haben volle Haltbatkeit und garantieren Dichtigkeit! Nachträglich ausschmieren ist Murks. Lieber abnehmen, neuen Lehm drauf, neu setzen. Ärger: Stein kippelt auf hartem Widerstand: Steinchen im Lehm! Nie mit Gewalt festklopfen, sondern abnehmen, Steinchen raus!

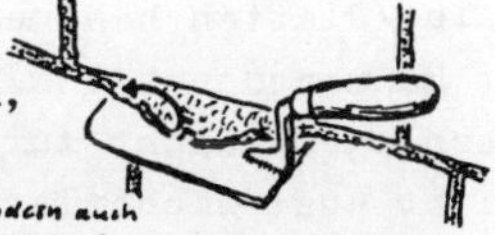

Herausquellenden Mörtel, der fallen will, abnehmen. Wenig herausgequollenen Mörtel erst später abnehmen, wenn etwas angetrocknet (Mauer bleibt sauberer) und Fugen glattstreichen mit Fugenkelle. -wird nicht nur schöner, sondern auch stabiler!

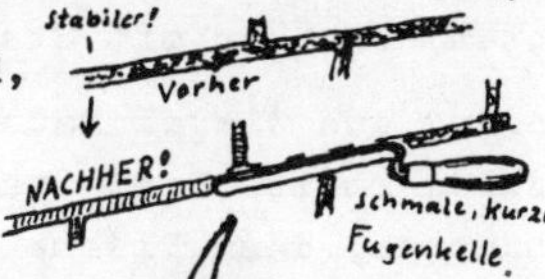

Wenn nötig, Stein leicht festklopfen. Nie am Rand, Stein wackelt sich los. Nie zu doll, zerstört Fugen der Lage drunter! Stein darf nur so lange bewegt werden, wie der Lehm noch aus der Fuge quillt. Gleich danach ist die Fuge brüchig und reißt schon bei geringster Bewegung! Erst wieder belastbar, wenn etwas trockener. Steine, die einmal gekippelt haben, werden auch mit Klopfen nicht fest. Drunter hat sich ein Mörteldamm gebildet (passiert leicht bei zu trockenen Steinen), nur in der Mitte gute Auflage, am Rand feiner Spalt. Hält gar nichts!

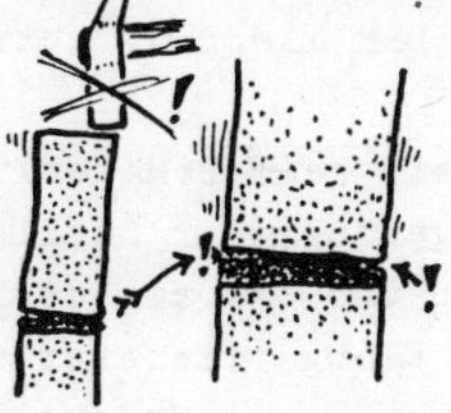

Mauer-Reihenfolge:

Steine teilen und behauen

Die Steine lassen sich je nach Sorte, Härte usw unterschiedlich bearbeiten. Ausprobieren! Hier ein paar Tricks:
Scharfer Hammer = halbe Arbeit!
Zum Teilen ein Maurerhammer (500 - 800 g), für Schamotteplatten und feine Behauarbeiten besser ein leichter Pickhammer (300 - 400 g).

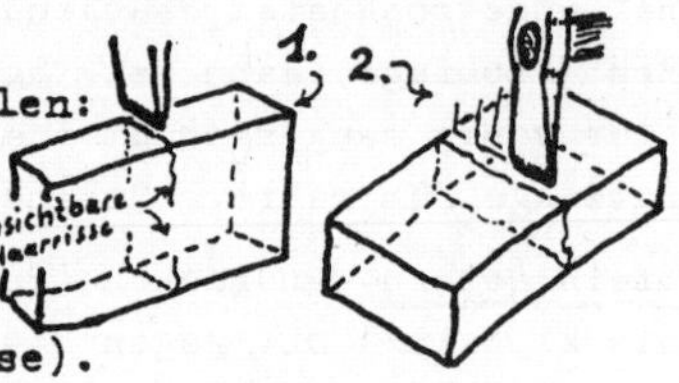

Ziegel oder Schamottesteine (Ziegelform) teilen:
Mit ganzer Hammerschneide schlagen! Erst auf die Schmalseiten je 1 kräftigen Schlag (bildet Haarrisse), dann auf die Breitseiten je eine Reihe Schläge (verbinden die Haarrisse).

Schamotteplatten (u. Dachziegel) teilen (auch längs, schräg, rund):
Mit Hammerecke (od. leichtem Hämmerchen) Punkt neben Punkt in einer Reihe, von den Rändern auf die Mitte zu. Sobald kleiner Graben gebildet, auf der Rückseite ebenso klopfen.

Steine/Platten behauen:
Mit Hammerschneide kleine Stückchen abschlagen. Nicht zur Ecke hin schlagen, bricht aus! Sichtflächen (zB gerundete Kanten) nachher mit Steinbrocken schleifen.

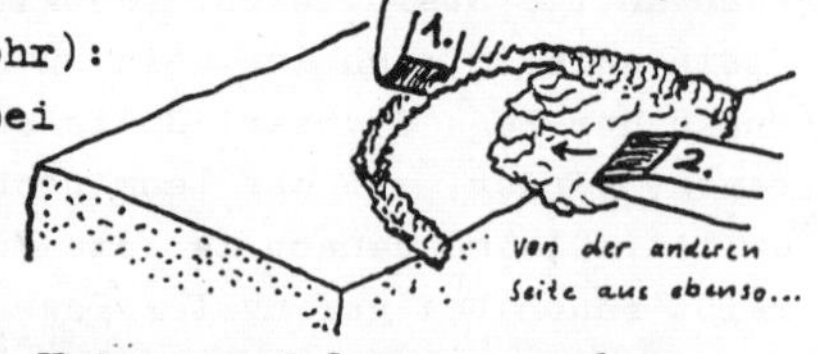

Rundung aus Ziegel raushauen (für Ofenrohr):
Geduldsarbeit. Erst Gräben klopfen wie bei Schamotte, dann Fläche abtragen, wieder Graben klopfen, abtragen usw bis durch.

Stein beim Behauen/Teilen nie auf harten Untergrund legen, sondern gegenüber der Stelle, wo Du haust, weich unterstützen. Ich setz mich hin und leg mir den Stein aufs Bein, oder ich halte ihn in der Hand. Am Klang (tieferer Ton, Scheppern) hörst Du, wann der Stein fast durch ist - Stücke nicht fallenlassen...

Ein Riß... was nun?

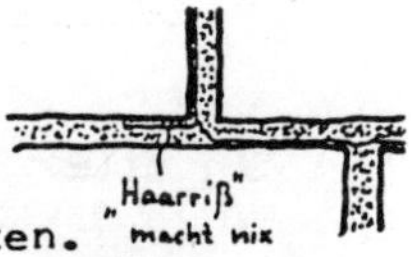

Haarrisse kann es sehr leicht geben, sie schaden aber nichts. Die Steine bewegen sich wegen der Hitze ein kleines bißchen. Jeder Kachelofen hat solche Risse, die sieht man nur nicht, weil die Kachelränder zugeschliffen sind und die Fuge verdecken.

Klaffende Risse mußt Du reparieren, sie machen den Ofen undicht! Rauch kann rauskommen, vor allem aber zieht der Schornstein Luft rein (Falschluft), die den Zug fürs Feuer verschlechtert und leicht die Hälfte der gespeicherten Wärme vom Abwärmeofen in den Schornstein pustet! Lehmfugen sind leicht zu flicken:

- Lehm aus der Fuge kratzen (nicht ganz durch)
- Fuge mehrmals naßspritzen (Blumen-Wasserspritze)
- mit Fugenkelle neuen Lehmmörtel fest reinquetschen.

War die Ursache für den Riß eine zu kleine Dehnfuge im Abwärmeofen, bildet sie sich von selbst, wenn Du den Riß am heißen Ofen flickst. Meistens aber wurde der Abwärmeofen überheizt oder zu schnell hochgeheizt. Das hält kein gemauerter Ofen aus! (s.S.59)

Andere Gründe können Baufehler sein, zB: Eingangs-Ofenrohr sitzt falsch im Futter (S.28), Ausgangs-Ofenrohr unbeweglich eingebaut (S.36). Oder der 1.Zug wird zu heiß: Längeres Rohr zwischen Eisenofen und Abwärmeofen einfügen. Schwierig wird's, wenn der Untergrund zu wackelig ist: Ich habe mal neben einem Abwärmeofen, der heikel stand, eine Bohle gut fest auf die Dielen geschraubt und mit Eisenstangen an einem tragfähigen Deckenbalken "aufgehängt". Vermeide solchen Notbehelf, baue richtig, S.13!

Wand-Armierung: In jede Setzfuge (S.19) lege einen "Ringanker" = geschlossener Ring aus dünnem Draht (1,5-2mm Ø od. 2 x 1mmØ zusammengedrillt). Meine ersten Öfen hatten keine Ringanker und waren meistens auch haltbar genug, doch seitdem ich welche einlege, gab es so gut wie nie mehr Risse. Einfach und schnell zu machen, verstärkt den Ofen aber wesentlich!

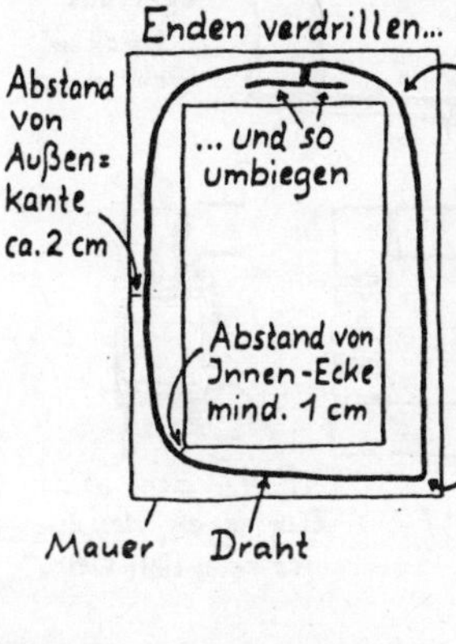

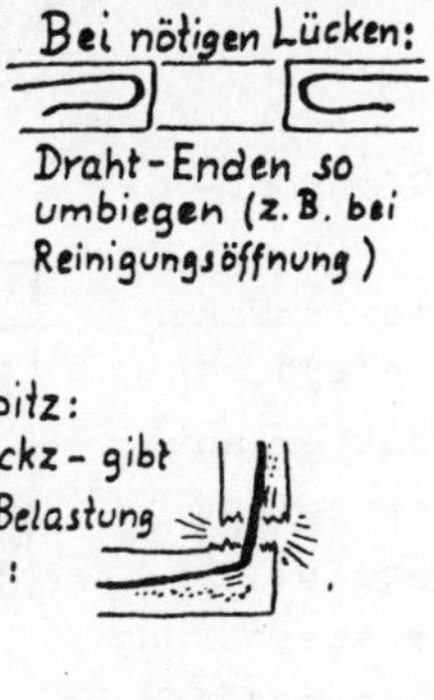

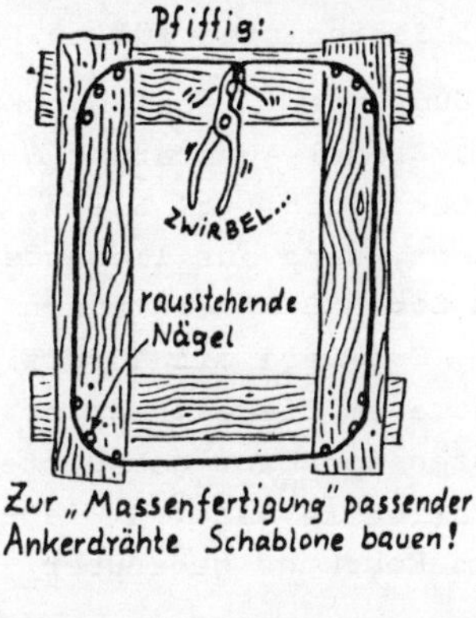

Zur „Massenfertigung" passender Ankerdrähte Schablone bauen!

(22) Bau-Beispiele und -Details

In allen Plänen heißt:  - Ziegel.
= 1/4 1/2 3/4 7/8

Beispiel 1: Allereinfachster Abwärmeofen: Zug statt Rohr!

Er ist zwar kleiner als der eiserne Ofen es brauchen könnte, aber trotzdem schon eine Riesen-Verbesserung!

Bei 9 Hochkant-Ziegellagen, wie gezeichnet: ca 1,5 m^2 Heizfläche, reicht für ein Zimmer ca 10 m^2, wenn der eiserne Ofen im anderen Zimmer steht.

Gewicht:
ca 200 kg.

Weitere Verbesserung durch Umlenksteine möglich, s.S. 37.

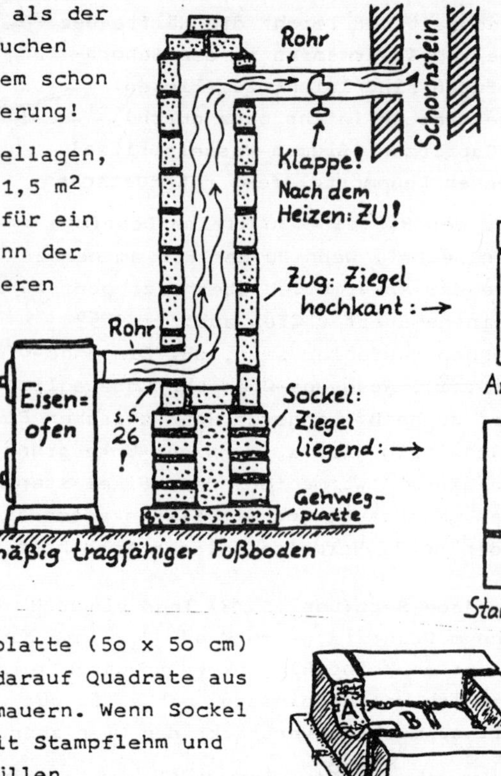

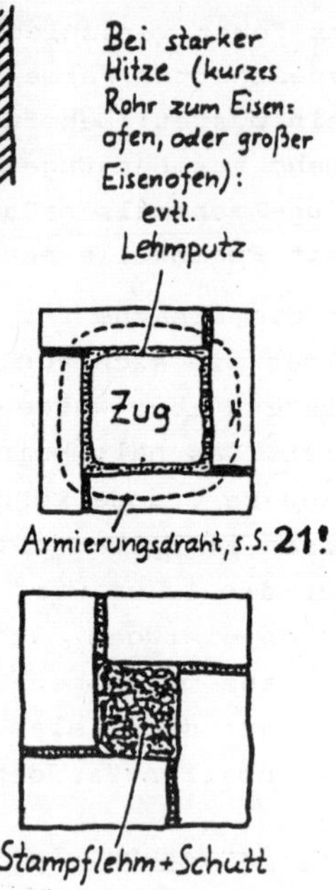

Bauvorgang: Gehwegplatte (50 x 50 cm) auf den Fußboden, darauf Quadrate aus liegenden Ziegeln mauern. Wenn Sockel fertig, Hohlraum mit Stampflehm und evtl Steinresten füllen.

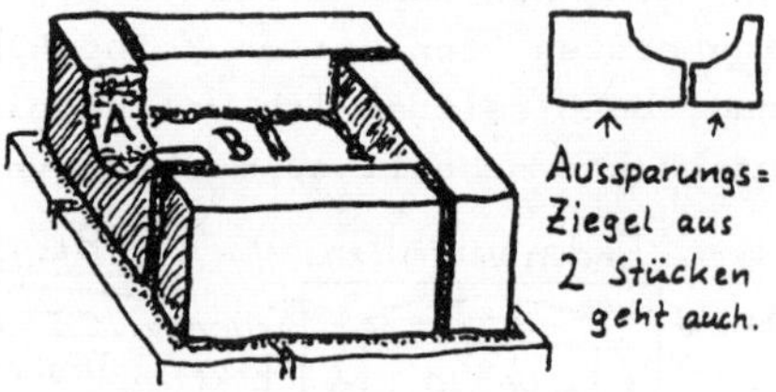

1. Zug-Lage (Ziegel hochkant): →
In 1 Ziegel Aussparung A für Ofenrohrfutter hauen (vgl S.40), Lage hochkant mauern, dann aus liegenden Ziegelstücken den Boden B hineinmauern (vgl S.40).

2. Zug-Lage mit 1 fürs Rohrfutter ausgehauenem Ziegel. Weiter: Quadrate aus ganzen hochkant gemauerten Ziegeln.

Vorletzte Lage: 1 Ziegel mit Aussparung fürs Rohr und gegenüber 1 Reinigungsöffnung,

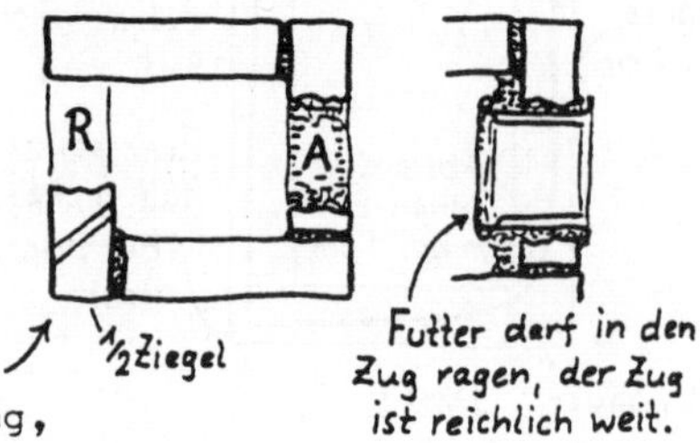

außer wenn das Rohr zum Schornstein leicht abnehmbar ist.

Einfachste Decke: 2 Ziegel liegend nebeneinander draufmauern und den Zwickel zur Hochkant-Lage mit Lehmmörtel vollstreichen. Über die Deckenfuge einen Abschlußziegel mauern (s. große Zeichnung).

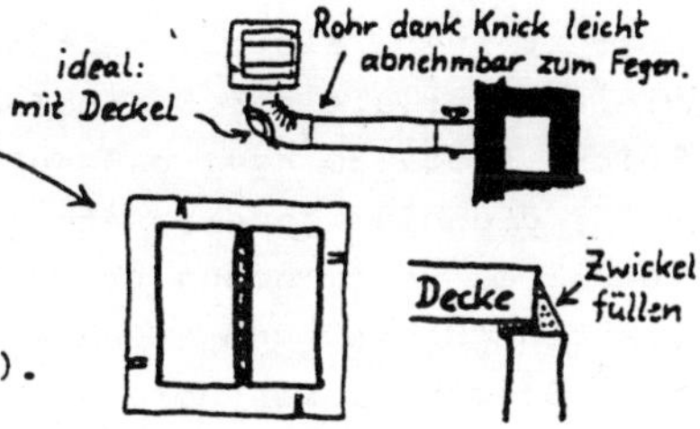

Noch einfacher: Badeofen-Abwärmeofen!

Das selbe Prinzip, aber kein gemauerter Zug, sondern ein Badeofenkessel als Abwärmeofen, s.S. 55. Das Wasser speichert die Wärme, kann aber <u>auch als Brauchwasser</u> dienen. Wichtig: Das Wasser dehnt sich beim Heizen aus und zieht sich beim Abkühlen zusammen. Deshalb muß der Warmwasser-Ausgang (ganz oben am Kessel) immer offen sein! Kann beim Heizen kein Wasser herausdrücken, platzt der Kessel, kann beim Abkühlen keine Luft rein, wird er plattgedrückt! Der Hahn muß am Kaltwasser-Eingang (ganz unten) sein. Öffnest Du ihn, fließt Kaltwasser in den Kessel, hebt das warme Wasser hoch und läßt es aus dem Ausgang (oben) fließen. So bleibt der Kessel auch stets voll, denn Du darfst nie mit leerem Kessel heizen (Lötungen schmelzen, Kessel wird leck)!

<u>Besonders praktisch in Bauwagen:</u>

Für die Fahrt das Wasser ausleeren spart 100 kg Ballast! (vorm Heizen wieder füllen).

In Wagen Eisengestell unterm Kessel oder sehr stabile Winkel an die Wand, und den Kessel unten und oben sicher verankern.

Für Bauwagen ebenfalls gut und frostsicher: Kleinen Zwei-Zug-Abwärmeofen in Eisenrahmen mauern, oder Leichtbau-Abwärmeofen s.S. 37.

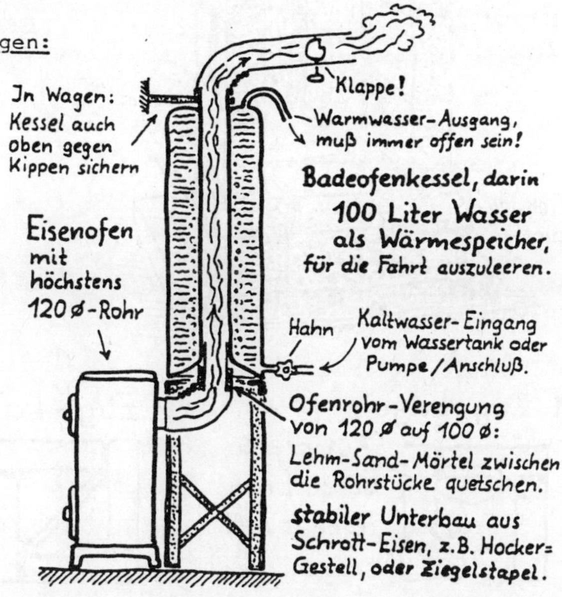

Leider sind Badeofenkessel auf dem Schrott schon selten geworden...

Beispiel 2: Kleinster Zwei-Zug-Abwärmeofen

Zwar kleiner, als die meisten Eisenöfen es brauchen könnten, aber viel besser als der Eisenofen allein. Dabei platzsparend und so leicht (100-150 kg), daß auch schlecht tragfähige Fußböden reichen.

Für die hier gezeichnete Größe (Hochkantmauerwerk 32 x 32 cm, mit Sockel ca 90 cm hoch) brauchst Du 30 - 35 Ziegel, ein paar Schamotteplatten (Reste) und 1 Gehwegplatte, und erhältst knapp 1 m² Heizfläche. Steht der Eisenofen im Nebenzimmer, reicht das nur für eine kleine Kammer, ist also mit dem Eisenofen im gleichen Zimmer ideal.

Nicht für große Eisenöfen (Zug ist zu eng). Zwischen Eisenofen und Abwärmeofen mind. 30 cm Ofenrohr oder 2 Rohrknicke.

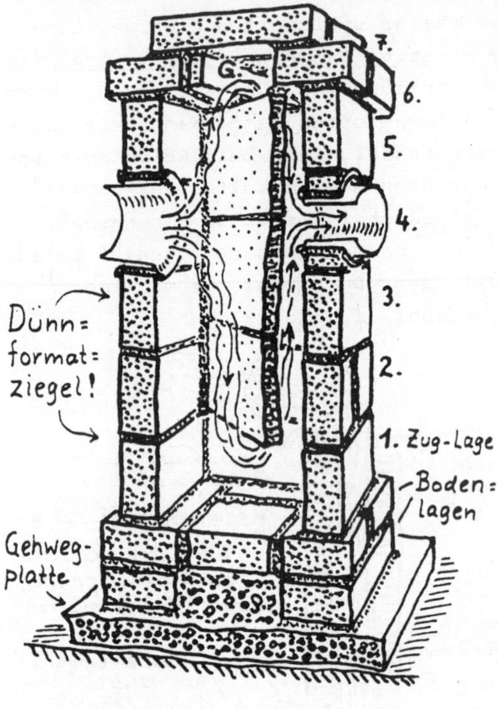

Sockel und Boden:

Gehwegplatte auf den Fußboden, darauf 2 Lagen Ziegel liegend:

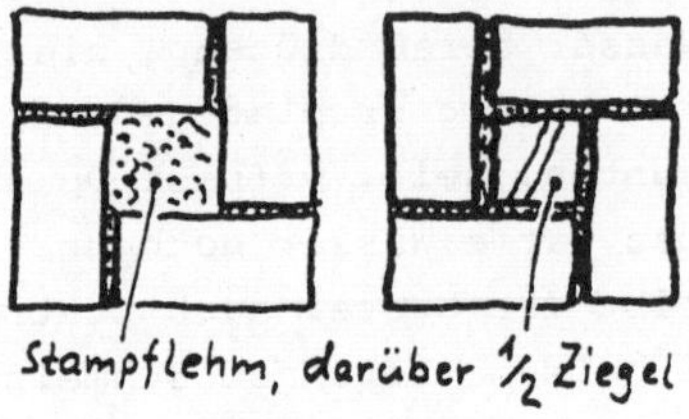

Oder - spart 10 kg Gewicht - 1 Ziegellage hochkant:

1. Zug-Lage

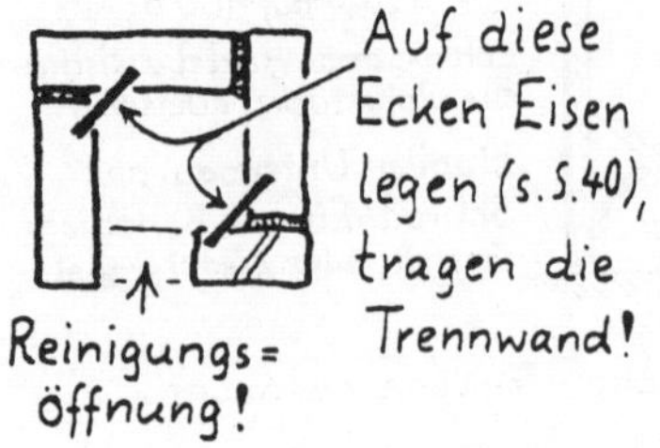

2. Zug-Lage

3. Zug-Lage

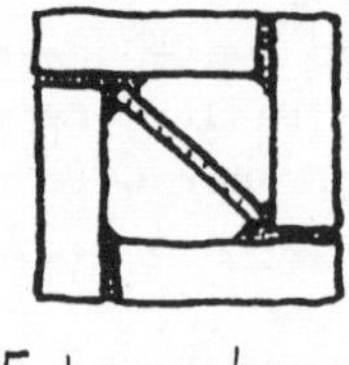

(5. Lage ebenso)

4. Zug-Lage:

Für Ein- und Ausgang 2 Ziegel so zuhauen →

Lage des Rohrfutters

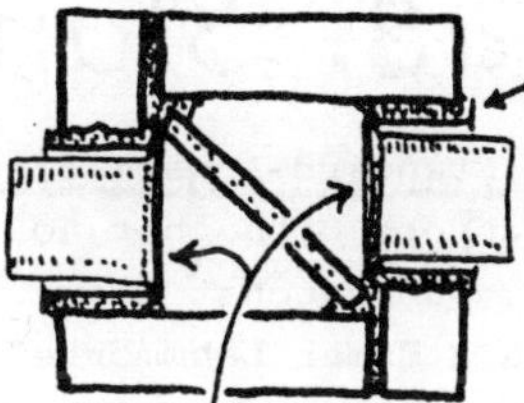

Außen= blech des Futters kürzen, s. S. 54!

Die Futter dürfen nur minimal in den Zug ragen, weil der ziemlich eng ist!

Decke (6. Lage): Ziegel liegend.

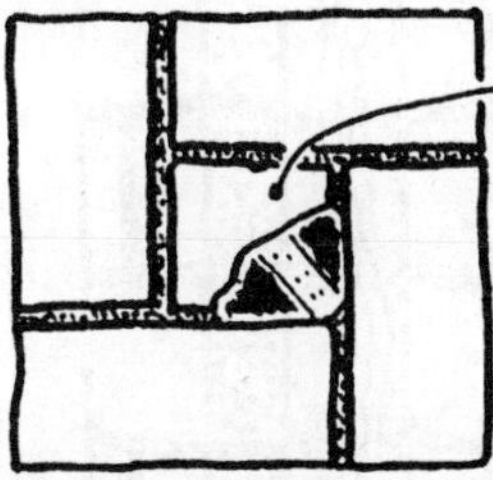

In der Mitte 1/2 Ziegel mit „abber Ecke": in der Lücke geht der Gasschlitz (G, s. S. 26) über die Trennwand hinweg. Wenn zu groß, losen Stein einlegen.

Abschluß (7. Lage):

Änderung für Ausgang nach oben:

Deckenziegel so zuhauen:

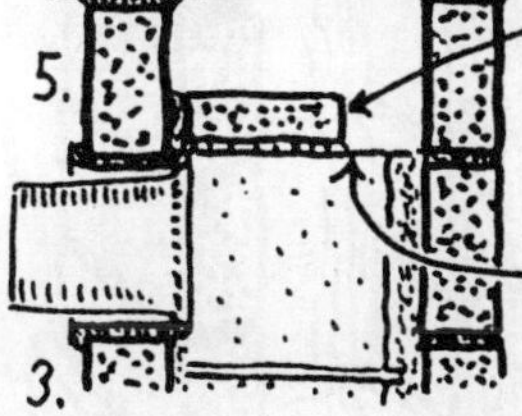

Plattenstück mit „abber Ecke"

Trennwand endet hier.

5. Lage:

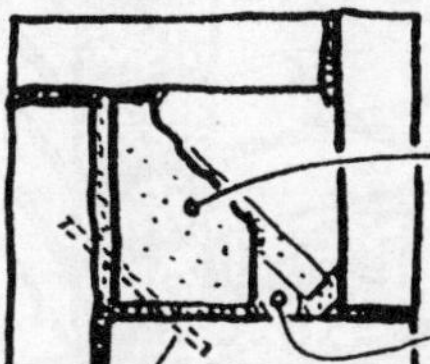

Plattenstück

Lücke als Gasschlitz

Hier Eisen unter der 5. Lage als Auflage für Platte.

Höhere Ausführung:

Entweder zwischen Lage 1 und 4 zusätzliche Lagen. Eingang und Ausgang kommen höher, Eisenofen mit 2 Knicken anschließen.

Oder nur Ausgang höher:

Gasschlitz größer

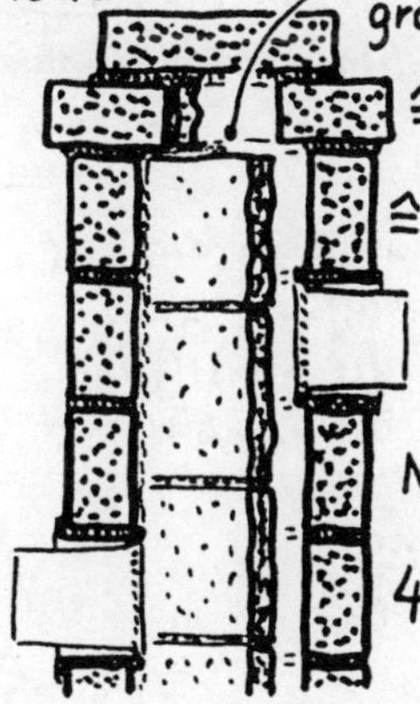

Beispiel 3: Standard-Abwärmeofen

Der bewährte Standard-Abwärmeofen
Die hier gezeichnete Größe hat 1o Hochkant-Lagen, Du brauchst dafür 12o Ziegel & ca 3 Eimer Lehmmörtel. Wenn es Normalziegel (24x11,5x7 cm) sind, hat der gezeichnete Abwärmeofen folgende Maße und Leistung:
Gewicht ca 35o kg
Gesamthöhe ca 173 cm
Standfläche ca 74 x 49 cm
Breite/Dicke 57 x 32 cm (an den Hochkant-Lagen gemessen)
Gesamt-Heizfläche ca 3,1 m^2;
Heizleistung reicht für 16-24 m^2 Zimmergröße, falls eine Seite des Abwärmeofens zur Wand steht.

Andere Größen: mehr oder weniger Hochkant-Lagen, 1 Lage hat 6 Außensteine und ca o,21 m^2 Heizfläche, wenn aus Normalziegeln gebaut.

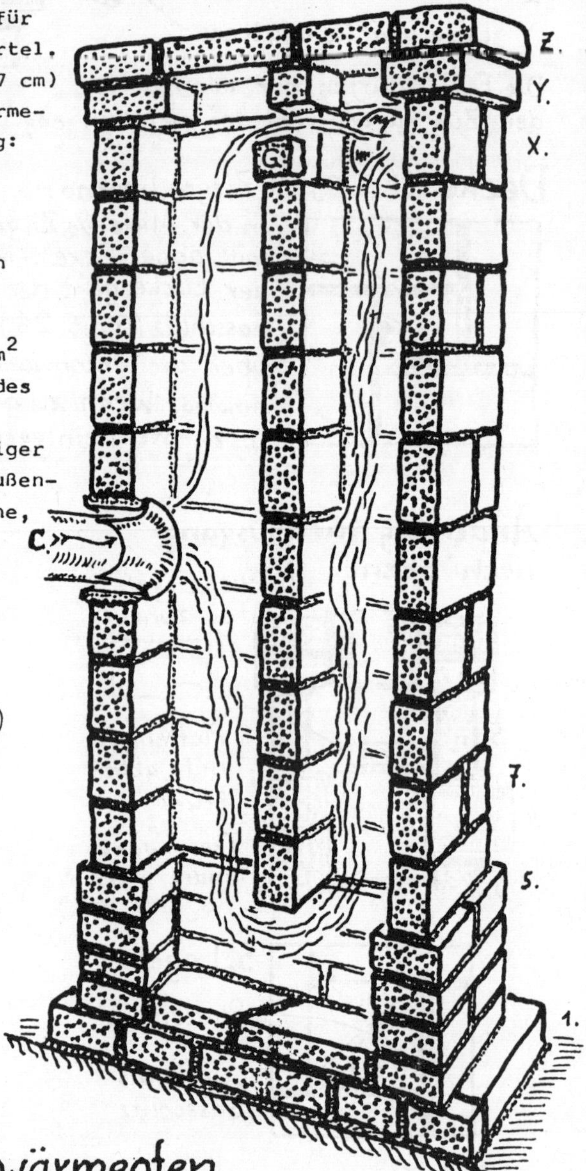

C. Beim Eingang ein „doppeltes Wandfutter" (s.S. 28) einmauern und Ofenrohr so wählen, daß es auf dem inneren Stutzen sitzt, nicht am Außenmantel des Futters.

G: Loser Stein in der Gasschlitz-Öffnung zum Herstellen des günstigsten Durchgangs-Querschnitts.

Noch besser: Anheizklappe! (s.S. 28)

Abwärmeofen, einfache & gute Bauart (Schnitt)

Bauvorgang Lage für Lage:

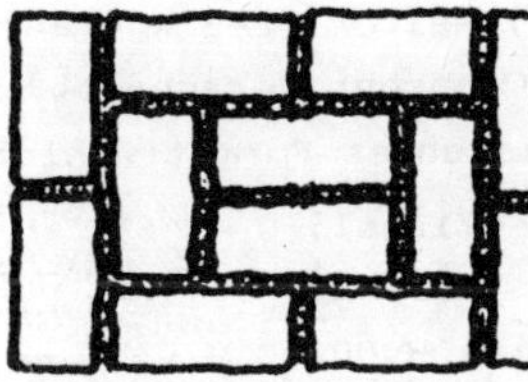

1. Lage, geschlossen

! Auf Holzfußboden Plastikplane unterlegen, sonst werfen sich die Dielen! Überstand nach Bau abschn.

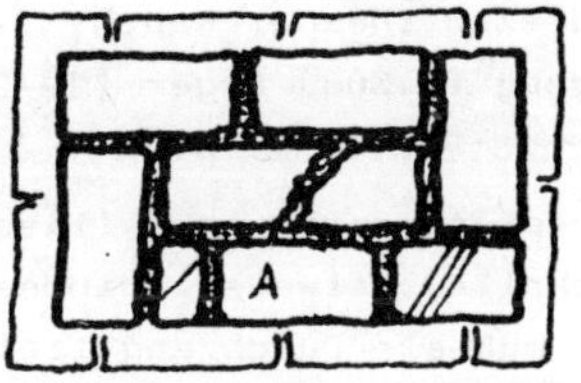

2. Lage, geschl., so gibt es nur kreuzende, nirgends übereinanderliegende Fugen.
A: s. 5. Lage

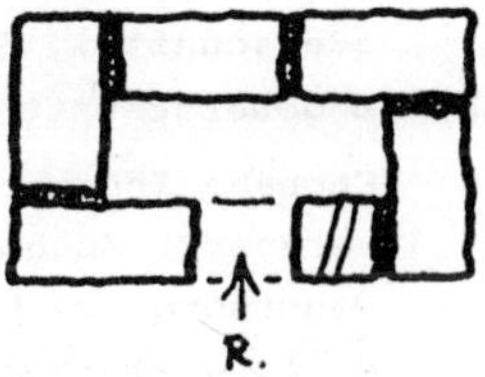

3. Lage mit Reinigungsöffnung R.

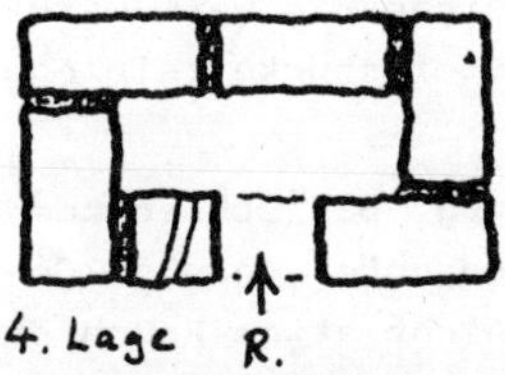

4. Lage

Lage 3-5: andere Möglichkeit: 1 Hochkant-Lage (vgl. S. 31, 3.u. 4. Lage). Komplizierter, aber spart 12 Steine, 35 kg Gewicht!

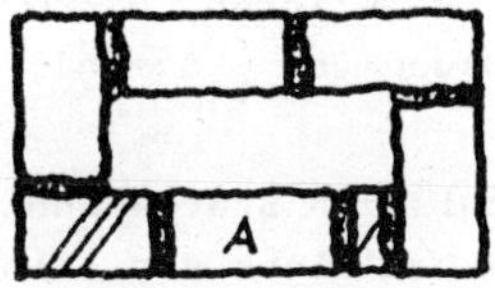

5. Lage, der Stein A überbrückt die Reinigungsöffnung.

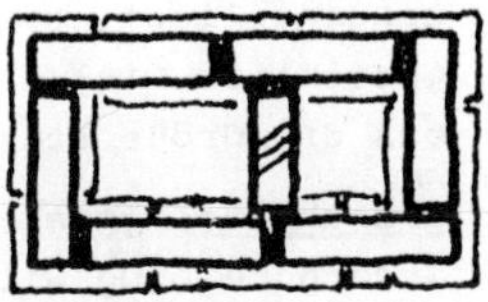

6. Lage (8., 10., ...)
Der 3/4 Stein als Trennwand zwischen den Zügen steht auf dem Vorsprung von der 5. Lage.

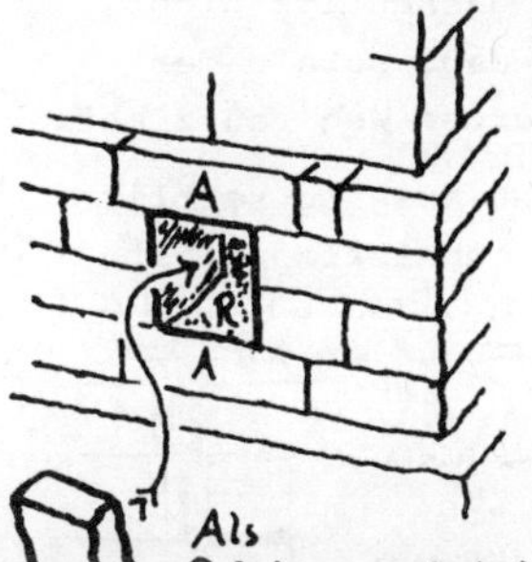

Als Reinigungsdeckel z.B. 1/2 Ziegel

R.: Der Reinigungsdeckel wird nachträglich lose eingemauert (Fugen nicht voll, nur von außen zugeschmiert. Muß nur dicht sein!)

B: Trennwandsteine einfach zwischen die Seitenwände mauern (oben), aber ca. alle 4-5 Lagen einen Stein behauen und in die Fuge setzen (unten) zur Sicherheit.

so ↘ einfügen: (Kanten schräg klopfen)

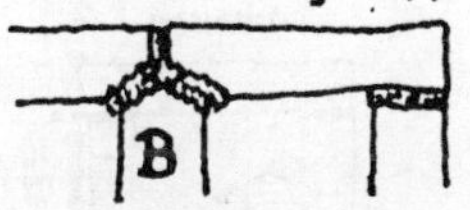

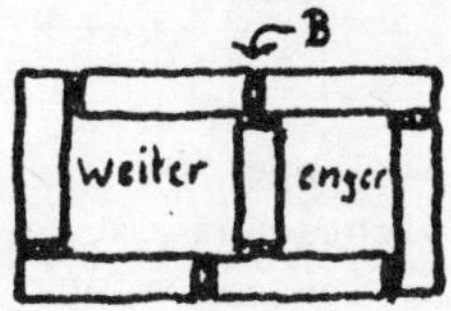

7. Lage (9., 11., ...)

Der erste Zug (links) wird weiter als der zweite (rechts)

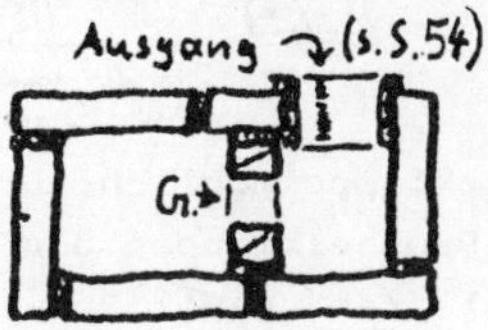

drittletzte Lage (X.)

In der Trennwand eine Lücke als Gasschlitz (G!)

vorletzte Lage (Y.)

Wegen der verkürzten Steine ist die Lücke in der Mitte schmaler als eine Steinbreite.

Letzte Lage (Z., Decke)

Extragut: die Außenkanten der Steine abrunden.

(28) **Bau - Details**

<u>Züge:</u> Der Abwärmeofen hat 1 Sturzzug und 1 Steigzug. Gleiche Querschnitte möglich, besser Sturzzug (heißer Rauch, 1.Zug) weiter (2-3 x Ofenrohrquerschnitt), Steigzug (2.Zug) enger ($1\frac{1}{2}$-2 x Ofenrohrquerschnitt). Zugquerschnitt durch Steinformat variabel, passendes Format wählen.

<u>Engpaß:</u> Innerer Vorsprung der Lage 5 (liegende Ziegel) versperrt Zugquerschnitt teilweise. Mindestens $1\frac{1}{4}$ - $1\frac{1}{2}$ x Ofenrohrquerschnitt muß als Durchgang frei sein, wenn nötig Steinkanten abschlagen (vgl. S. 32).

<u>Zugteilung:</u> Hauptmenge des Rauches geht im 1.Zug runter, im 2.Zug rauf. Damit 1.Zug oben nicht kalt bleibt, soll etwas Rauch im 1.Zug aufsteigen und durch den vergrößerten Gasschlitz ziehen, je tiefer der Abwärmeofeneingang liegt, umso mehr. <u>Regulieren,</u> bis Ofen gleichmäßig warm wird: Gasschlitz viel zu groß bauen (ca $\frac{1}{4}$ Stein), lose Steinstücke reinlegen bis die Größe stimmt.

<u>Gasschlitz:</u> Immer nötig zwischen Sturz- und Steigzug. Bei schlechtem Schornsteinzug will der Rauch nicht von selbst nach unten, großes Gequalme, sogar Schwelgas-Verpuffung möglich, wenn nicht etwas Rauch durch den Gasschlitz ziehen und den Schornstein vorwärmen kann, damit er zu ziehen beginnt. Nachteil: Direkt abziehender Rauch heizt kaum mit.
<u>Gasschlitzgröße:</u> So klein wie möglich (mind. ca 8 cm^2 nötig), aber so groß, daß Anheizen problemlos. Hier größer wegen Zugteilung.

Bei sehr schlecht ziehendem Schornstein reicht der Gasschlitz nicht zum Anheizen, oder seine Öffnung müßte so groß sein, daß, sobald der Ofen richtig in Gang ist, die meiste Wärme auf dem kurzen Weg rauszieht.

<u>Daher besser: Anheizklappe.</u> Extrapfiffige Bauart, wenn Ausgang seitlich neben der Gasschlitzöffnung oder in der Decke liegt: Anheizklappe ist zugleich Drosselklappe zum Wärme halten.

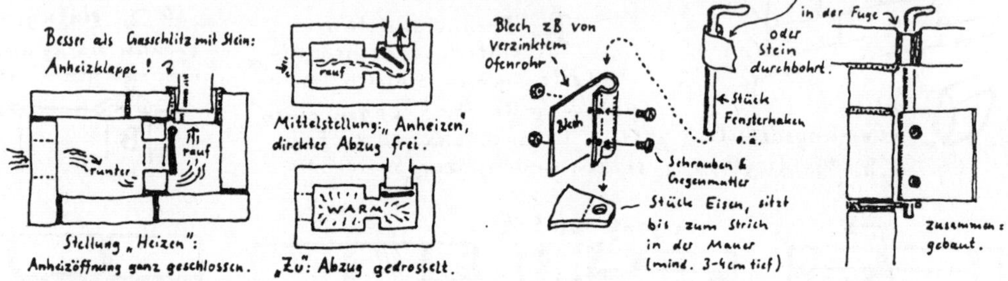

<u>Drosselklappe:</u> Wenn nicht per Anheizklappe möglich, Drosselklappe im Ofenrohr zum Schornstein sinnvoll. Drosselklappen dürfen nicht ganz schließen, $\frac{1}{4}$ Querschnitt muß frei bleiben, damit Schwelgase abziehen!

<u>Doppel-Wandfutter am Eingang wichtig!</u> Ofenrohr wird sehr heiß. Außenblech des Futters ist fest eingemauert, keine Dehnmöglichkeit, darf also nicht zu heiß werden, sonst Dehnung → Risse im Mauerwerk! Darum muß das heiße Ofenrohr am Innenblech sitzen und nicht das Außenblech berühren, s. S. 54!
Ofenrohr ohne Futter eingemauert verursacht sofort Dehnungsrisse!

Edel-Abwärmeofen, 5. Lage fertig.
Hier 1. Zug mit Schamotteplatten ausgekleidet.

Lage L (oben: Lage M) fertig. Durchs Loch zu sehen ein Gasschlitz.

Lage Y im Bau

Der fertige Edel-Abwärmeofen

(30) Beispiel 4:

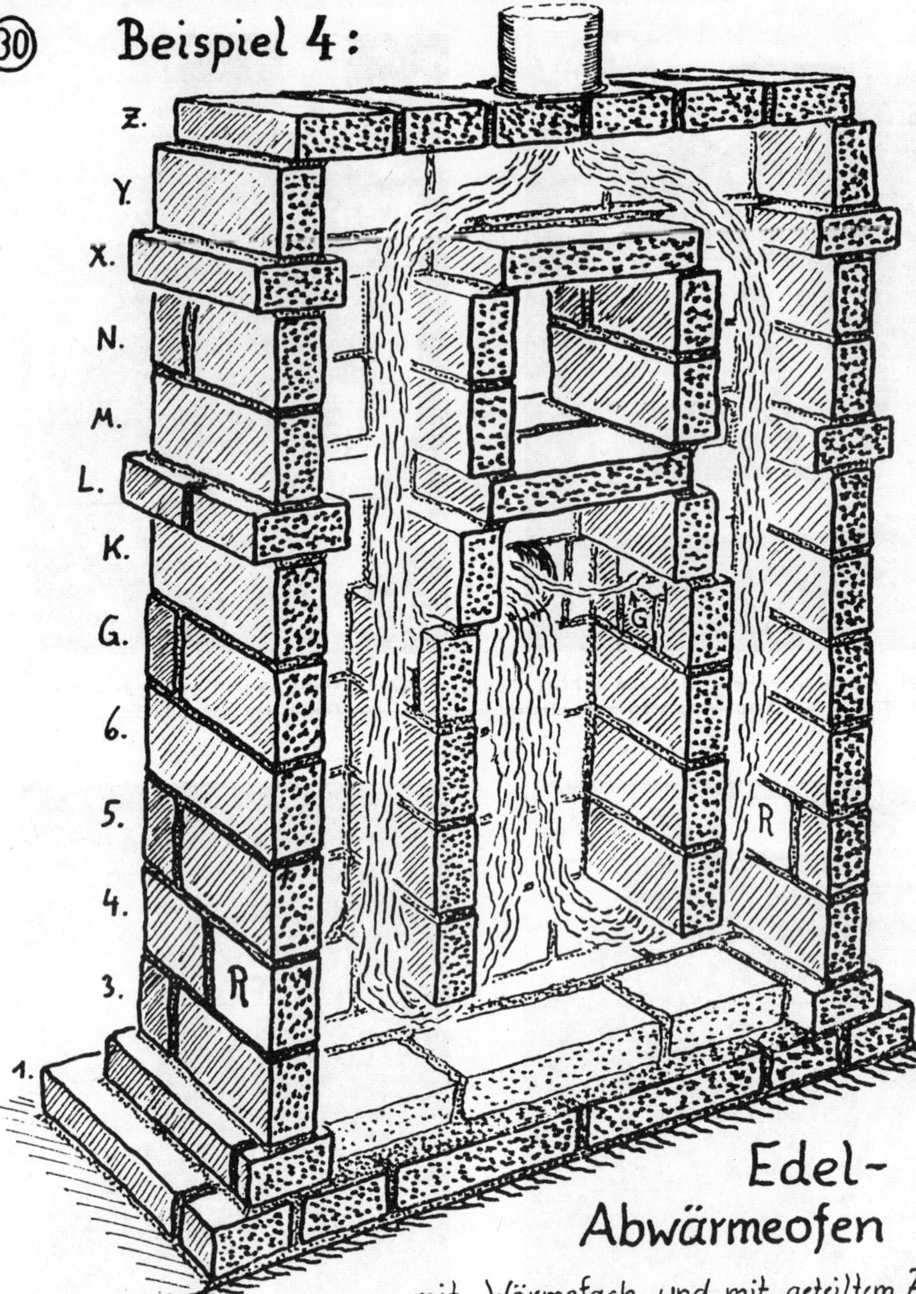

Edel-
Abwärmeofen

mit Wärmefach und mit geteiltem Zug.

Maße, falls Normalziegel: Breite/Dicke 81x32 cm ohne Vorsprünge. Beispiel hier aus 155 Ziegeln, ca 45o kg, Höhe ca 146 cm, Heizfl. & Leistung wie Beispiel S. 26. Andere Größe: Mehr Hochkantlagen nach 6 oder N, weniger Lagen bei 5,6. 1 Lage= 8 Außensteine= o,27m^2 Heizfl. wenn Normalziegel.

Der Bau Lage für Lage : (▭, ▯ : s. S. 27)

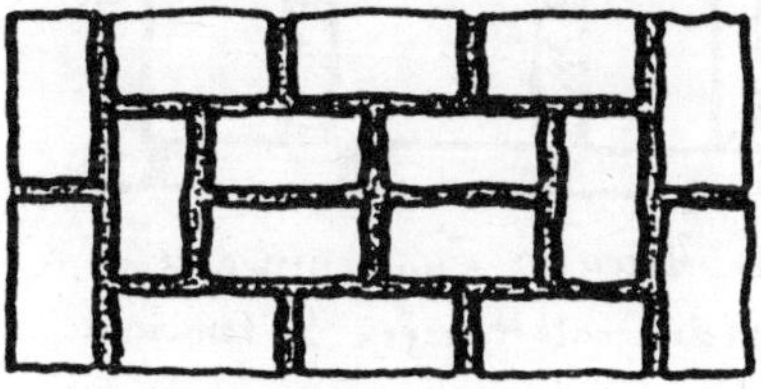

1. Lage, geschlossen,
(Ofenboden)
Wichtig: Plastik drunter (s. S. 27)

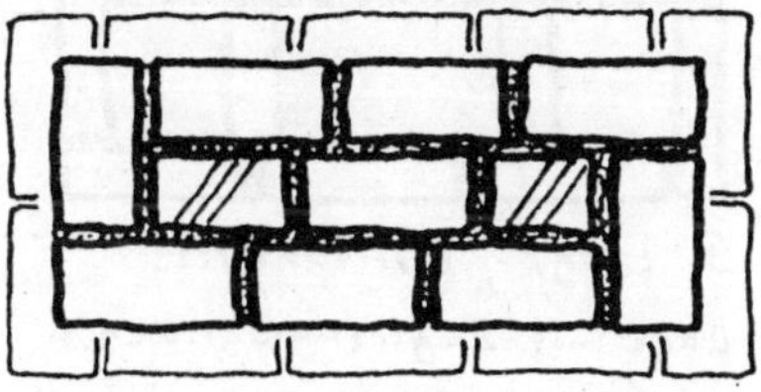

2. Lage, geschlossen, ohne durchgehende Stoßfugen zur 1. Lage!
(Ofenboden)

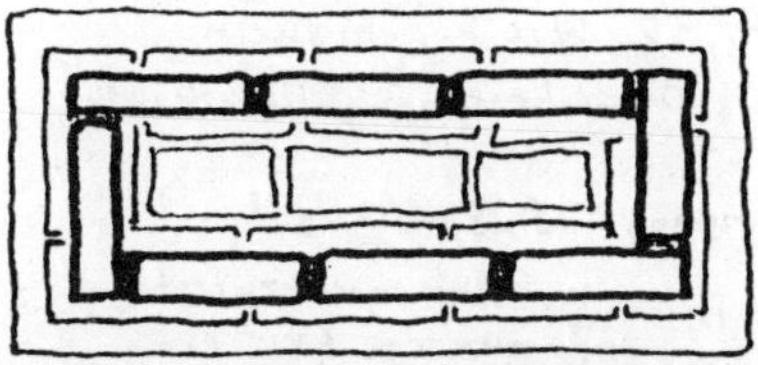

3. Lage, Viereck aus 8 Hochkant-Ziegeln, Beginn des Ofen-Innenraums

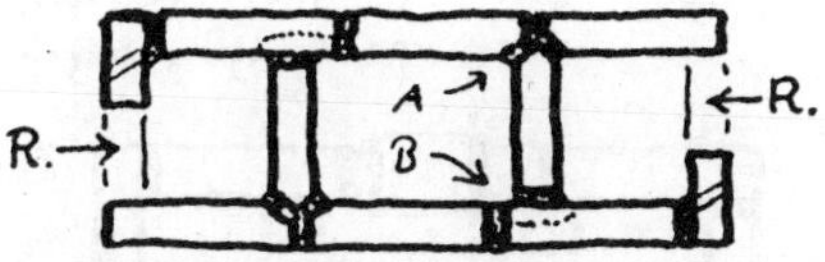

4. Lage, Reinigungsöffnungen und unterste Steine der Zug-Trennwände

4. Lage: unterste Zug-Trennwandsteine befestigen:

A: auf Fugen-Mitte der Seitenwand setzen, Seitenwandsteine schräg klopfen, Trennwandstein spitz, soll 2cm auf der Lage drunter aufliegen oder mehr.

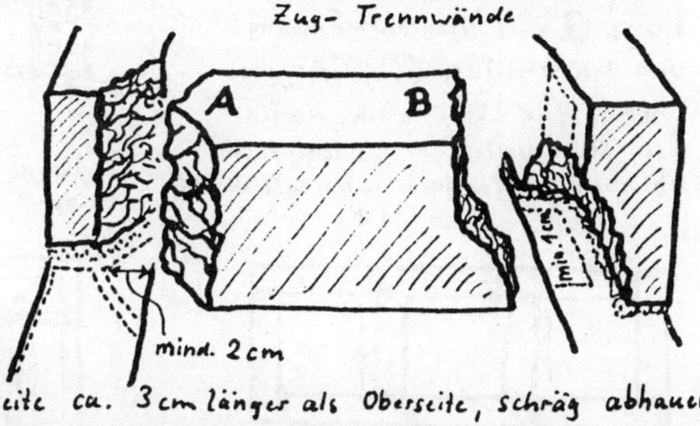

B: Trennwandstein Unterseite ca. 3cm länger als Oberseite, schräg abhauen. Seitenwandstein Unterseite Kante schräg ausklopfen. Trennwandstein soll 1cm oder mehr auf der Lage drunter aufliegen.

Mauern: 1) 1. Seitenwandstein von Verbindung A behauen, festmauern.
2) Trennwandstein passend behauen, hinstellen. 3) 2. Seitenwandstein v. Verb. A behauen, festmauern. 4) Trennwandstein Seite B behauen, festmauern.
5) Seitenwandstein Seite B passend behauen, festmauern. Volle Fugen zwischen Trennwandstein und beiden Seitenwänden!

Kompliziert, aber spart 16 Steine, 50 kg Ofengewicht!

Andere Möglichkeit: Statt Lage 3. u. 4. hochkant: Lagen 3, 4, 5 liegend, mit Reinigungsöffnung, Lage 6 hochkant, 3/4 Steine für Trennwände auf Stufe gestellt (Bauweise wie „Abwärmeofen einfache Bauart" S. 27).

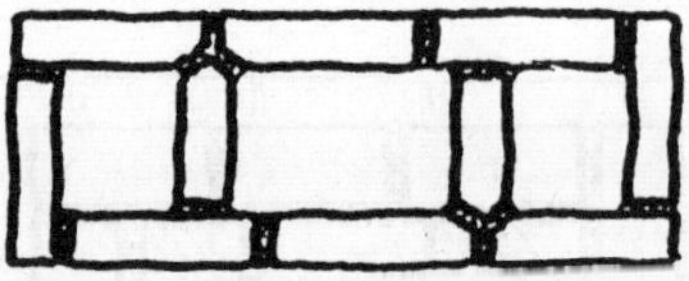

5. Lage, zweitunterste Lage mit Zugtrennwänden.

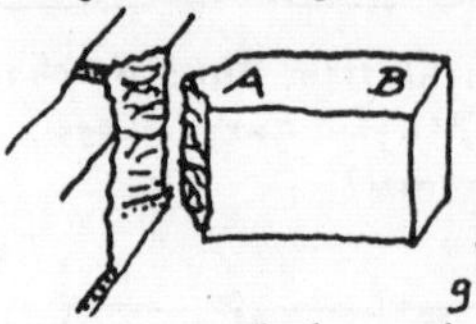

Seite A einpassen wie 4. Lage, Seite B glatt lassen, wird von 4. Lage getragen.

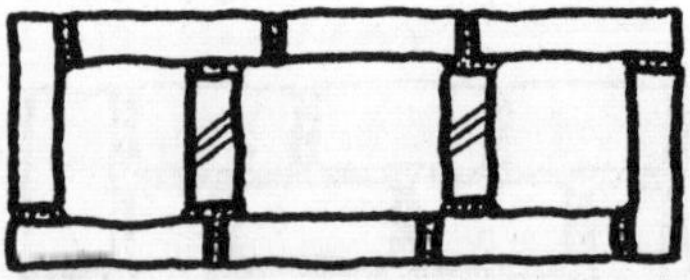

6. Lage: Zugtrennwandsteine glatt gegen Seitenwände gemauert.

Weitere Lagen nach Bedarf:
7., 9. wie 6., spiegelverkehrt
8., 10. wie 6., mauern bis Ofenrohreingang-Unterkante.

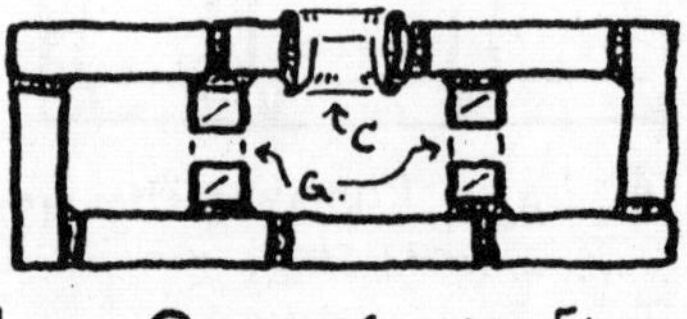

Lage G mit Ofenrohr-Eingang und Gasschlitzen (G.) Gasschlitze: knapp 1/4 Stein Lücke lassen, darein losen Stein stellen, muß Lücke fast schließen. Auf beiden Seiten gleich:

C: Ofenrohr-Eingang s. S.28, wichtig!!

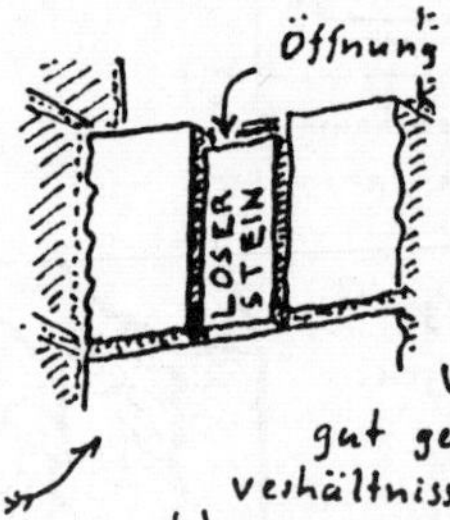

Öffnungen zuerst nur ca. 6 x 1 cm groß machen! Wenn Anheizen regelmäßig schwierig, Öffnungen nur so weit vergrößern, bis Anheizen gut geht. Bei wechselnden Zugverhältnissen auf 1 Seite Anheizklappe, auf andere Seite kleinen Gasschlitz.

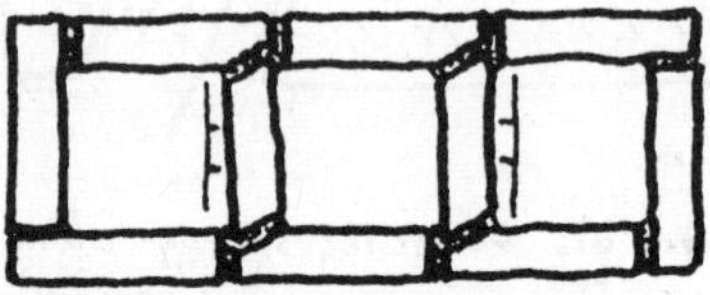

Lage K: Zugtrennwandsteine wie gezeichnet einbauen, mittlerer Zug muß kleiner werden!

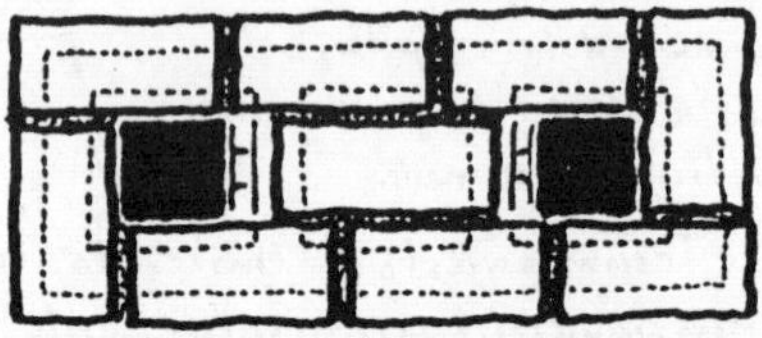

Lage L: Liegend Steine, Abschluß des mittleren Zuges. Falls Zugquerschnitt zu sehr eingeengt, Steine an den Innenseiten schmaler hauen. Normalerweise nicht nötig!

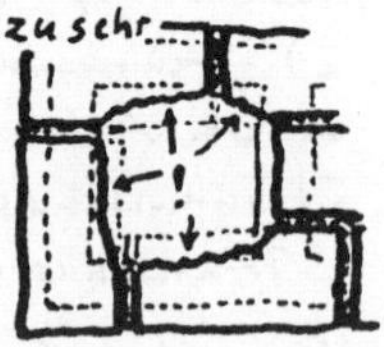

Lage M: Mitte frei als Wärmfach. 2 getrennte Züge, Quadrate aus je 4 Steinen.

Lage N: wie Lage M, spiegelverkehrt. (Weitere Lagen abwechselnd wie Lage M und N.)

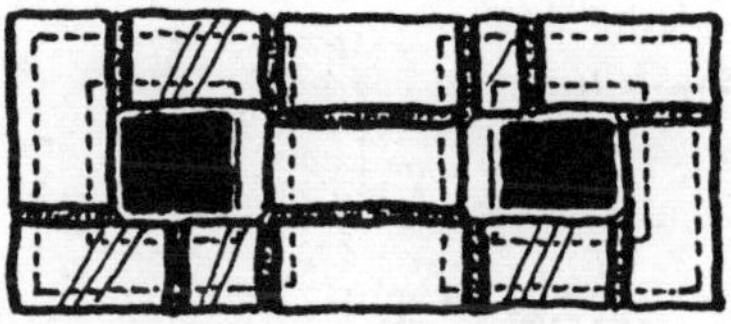

Lage X: (drittletzte Lage)
Ziegel liegend, Abschluß des Wärmfachs. Entweder mit 1/4 und 3/4-Stein in der Längsseite (oben), oder mit 1/2 und zwei 3/4-Steinen, falls Dich der 1/4-Stein stört.

Lage Y: vorletzte Lage, wie Lage 3 aus Ziegeln hochkant.

Statt Ofenrohr-Ausgang oben (Lage Z) auch auf der Rückseite möglich, dann Futter in diese Lage einbauen. Muß in der Mitte sitzen (gleich lange Zugwege). Wenn nicht möglich:

a) Ausgang etwas aus der Mitte

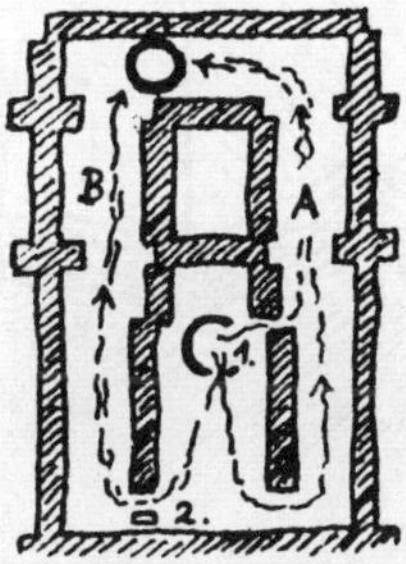

1. Gasschlitz nur auf der benachteiligten Seite (A)
2. wenn nötig loser Stein als Hindernis im begünstigten Weg (B).

b) Ausgang seitlich:

3. Zugtrennwand auf der benach=teiligten Seite erst 1 Lage höher begin=nen. Mit losen Steinen in den unteren Durchgängen (wie 2.) ausgleichen, bis beide Seiten gleich warm werden.

Lage Z: Abschlußlage, 6 Ziegel quer als Decke. Besonders gut, wenn diese Ziegel größeres Format als die der Ofenwände haben.

Ofenrohr-Ausgang in der Mitte, Doppelwandfutter (D) einbauen, weil darin ein Ofenrohr dicht, aber leicht beweglich sitzt. In einfachen Futtern muß das Ofenrohr stramm sitzen, sonst ist's undicht, und wenn Du es dann zum Reinigen rausziehen willst, reißt Du die Decke mit ab...

Mittlere Steine halbrund aushauen (mühsam):

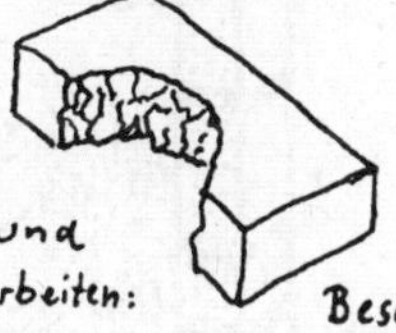

wenn's Dir nicht gelingt, mit Vierteln und Eisenträgern arbeiten:

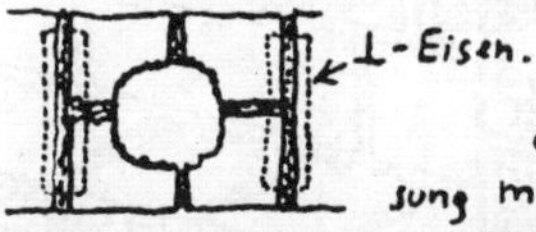

Besonders stabil: Die Steine der Rohreinfassung miteinander verklammern:

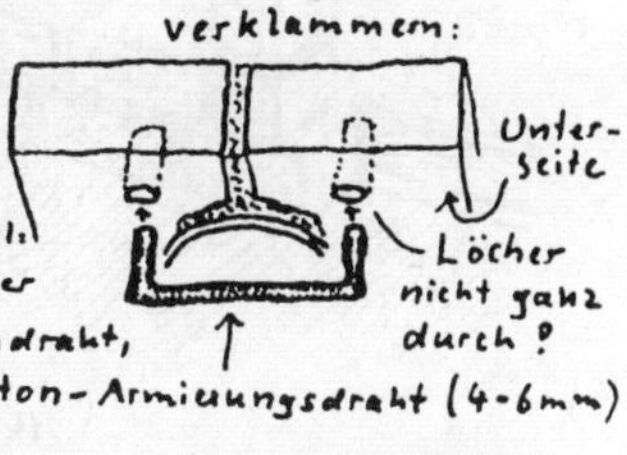

Federstahl-draht (Kachel-Ofenbau) oder dicker Eisendraht, dünnster Beton-Armierungsdraht (4-6mm)

1) Futter ein- und Steine zusammen=mauern, 2) Klammern stramm passend biegen, 3) Lehm in die Löcher, Klammern rein, 4) den ganzen Block auf den Ofen mauern.

- Wenn das Futter zu weit in den Zug reinsteht, kürzer sägen und neu umbördeln! (S.54)

(34) **Beispiel 5:**

Heiz-Wand

besonders dünner, einfacher Abwärmeofen, Ziegelbauweise.

Gut in die Wand zu bauen – oder auch freistehend.

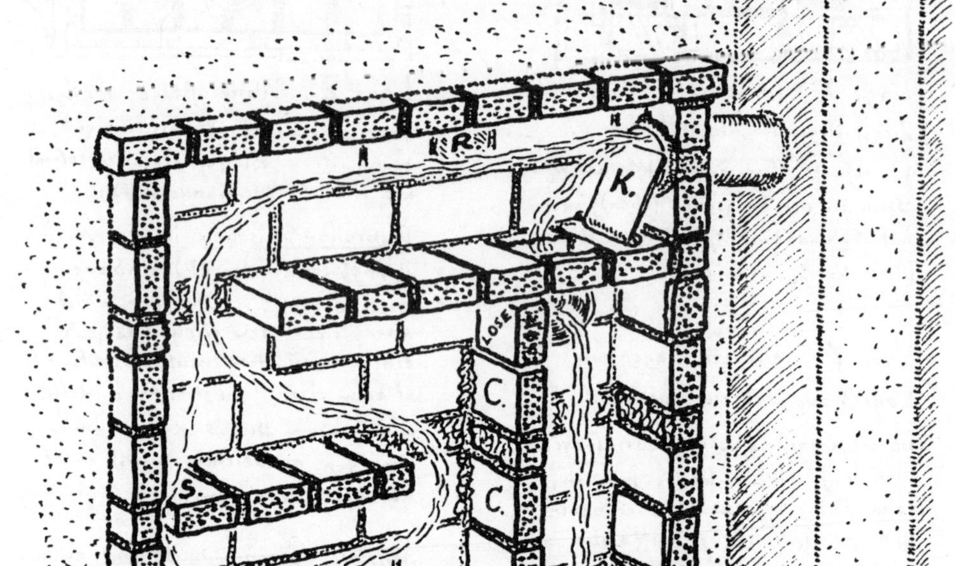

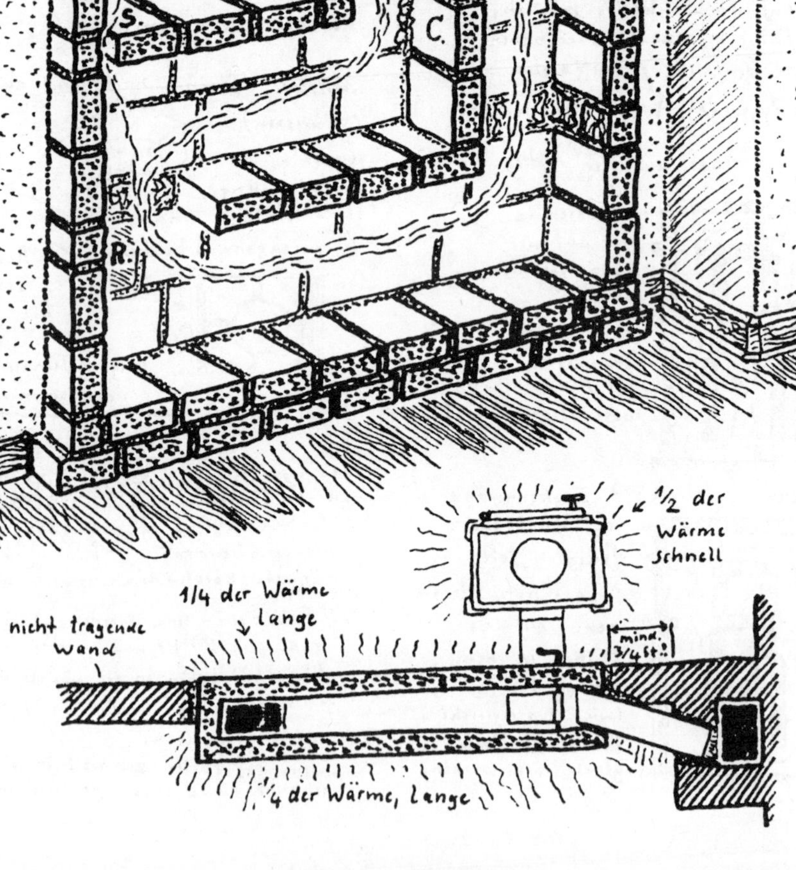

Der Bau Lage für Lage. Hochkant-Lagen Dünnformat-Ziegel nötig! (Dicke ≦ 1/2 Breite)

1. Lage Ziegel liegend. Mit diesem Unterbau trägt sich auch die aus der Wand herausstehende Seite des Ofens selbst, ohne den Fußboden zu belasten, wenn

2. Lage Ziegel liegend. 1/4 Breite →| |←

er in einer 1/2 Stein dicken Wand steht und nicht weiter als knapp 1/2 Stein rausguckt.

3. Lage, Ziegel (9 ganze, ein 1/2 er) hochkant

Lücke für Reinigungsöffnung

4. Lage hochkant 8 × 1/1, 2 × 1/2

hier am besten einen durchgehenden längs halbierten – mit Übung klappt's.

5. Lage liegend 4 × 1/1, 11 × 1/4!

Viertel Ziegel gewinnen:

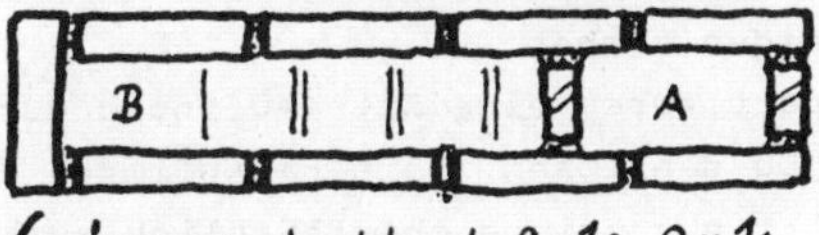

6. Lage hochkant 9 × 1/1, 2 × 1/2

A: 1. Zug (Sturzzug) weit, 1/4 mal 1/2 Stein, Liegezüge ebenso weit, Reserve für Flugasche,

B: Durchgänge nicht weiter als nötig (3/4 mal 1/2 Stein).

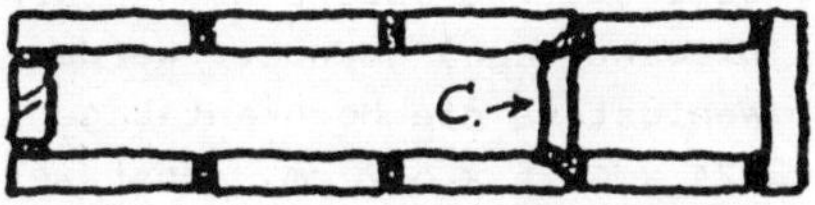

7. Lage hochkant 9 × 1/1, 1 × 1/2,

1 × behauen: so einpassen!

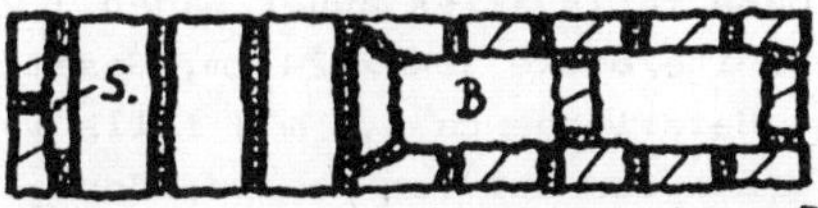

8. Lage liegend 3 × 1/1, 12 × 1/4, 2 × 1/4 behauen, 1 × länger als 1/4, behauen.

S = Selbstreinigungsritze 2 cm.

9. Lage = 7. Lage

10. Lage hochkant, 8 × 1/1, 1 × 1/2, 1 × gut 1/2, behauen für „D": Doppel-Wandfutter, S. S. 28, wichtig!, paar Bruchstücke. 1 × gut 1/2 Stein lose reingestellt (L.) als Reinigungsöffnung.

11. Lage liegend 5 × 1/1, 2 × ca. 1/3, 7 × 1/4.

E = Anheiz-Öffnung. 1/3 Steine, damit ringsum Auflage für Anheizklappe.

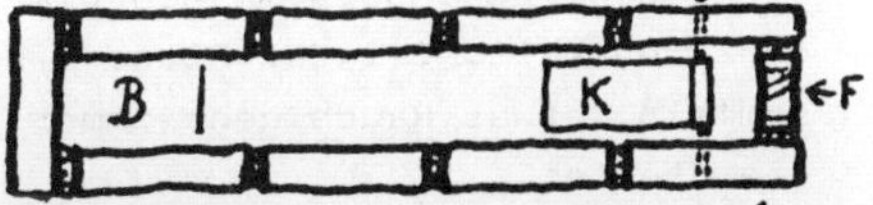

12. Lage hochkant 9 × 1/1, 1 × 1/2.

K: Anheiz- u. Wärmehalteklappe, s. S. 28.

F: Stein ausgerundet für Ofenrohr-Ausgang.

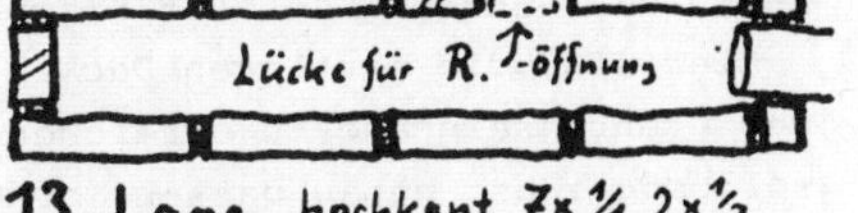

13. Lage hochkant 7 × 1/1, 2 × 1/2, 2 × knapp 1/2, behauen für Ofenrohr.

Wenn Ofenrohr nicht länger als ca. 1/2 m und Ofen in Wand, Ofenrohr fest einmauern möglich, weil nichts wackelt.

14. Lage, Abschluß, 9 Ziegel liegend wie 1. L.

Die Höhe des hier gezeichneten Heizwand-Abwärmeofens steht wegen der Züge fest, für andere Größen könnte nur um ganze Züge (2 Hochkant- und 1 Liegend-Lage) geändert werden, aber die Breite ist variabel.

Wenigstens die Hochkant-Lagen müssen aus Dünnformat-Ziegeln sein, zB 24 x 11,5 x 5,2 cm, sonst werden die Züge zu schmal. 1. & 2. Lage möglichst aus dicken Ziegeln (zB Normalformat) bauen wenn Holzfußboden drunter ist, Schutz gegen Hitze.

Hier gezeichnetes Beispiel: 4 Züge hoch, 1 Stein dick, $4\frac{1}{4}$ Steine breit. Maße falls alles außer Lagen 1,2 aus Dünnformat-Ziegeln: Gewicht 3oo kg, Breite/Dicke 1o4 x 24 cm, Gesamthöhe 134 cm, Bedarf 13o Ziegelsteine.

Heizfläche ca 3,5 m^2; falls in die Wand gebaut wie Zeichnung S. 34, Größe des nur vom Abwärmeofen geheizten Zimmers 11-18 m^2, Größe des Zimmers mit Feuerofen ca $1\frac{1}{2}$ mal so groß. Falls ganz im Zimmer ohne Feuerofen, ausreichend für ca 2o-3o m^2.

Andere Größe: um 1 oder mehr Steine verbreitern. 1 Stein Verbreiterung = 28 Steine mehr Bedarf, auf jeder Seite ca o,29 m^2 mehr Heizfläche.

Bau - Details

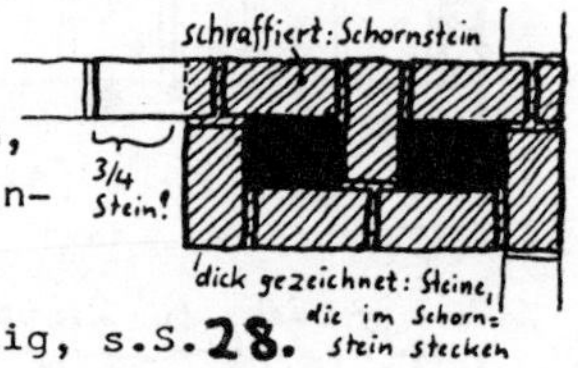

Wanddurchbruch nie näher als $\frac{3}{4}$ Stein am Schornstein, sonst könntest Du Steine lockern, die im Schornsteinmauerverband sitzen, Schornstein wird undicht!

Anheizklappe K gleichzeitig als Drosselklappe pfiffig, s.S. 28.

Zugquerschnitte: 1.Zug (Sturzzug) vergrößert wegen Hitze (2-3 x Ofenrohrquerschnitt), liegende Züge (Deckenzüge) überhöht wegen Flugascheansammlung. Eigentlich nötiger Querschnitt: Durchgänge von Deckenzug zu Deckenzug, nicht unter $1\frac{1}{2}$ x Ofenrohrquerschnitt.

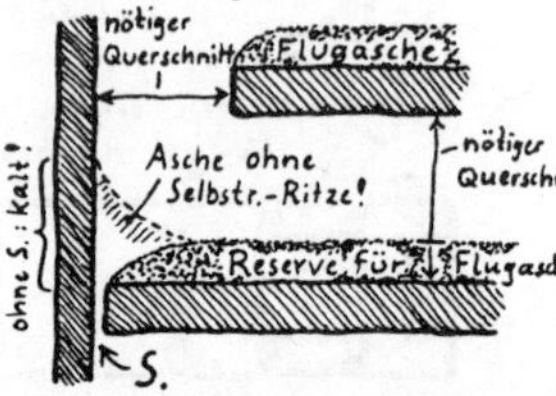

Selbstreinigungsritze S: Bei liegenden Zügen sammelt sich Asche besonders in den Ecken, dort bleibt dann der Ofen kalt. Bei der Ritze S kann sich keine Asche sammeln, etwas Rauch geht immer hindurch und wärmt die Stelle.

Loser Stein L spart Reinigungsöffnung: Sinnvoller Trick bei vielen Öfen! Vermeide jede unnötige Reinigungsöffnung nach draußen (öffnen/schließen aufwendig, Undichtigkeit möglich), dennoch mußt Du alle Züge, Schornsteinanschluß, Gasschlitze oder Klappen reinigen können.

Hier sind die mittleren Deckenzüge statt durch eine Extra-Öffnung durch den Ofenrohreingang zu erreichen, wenn Du den losen Stein rausnimmst. Er soll möglichst genau passen, größere Ritzen schmiere oberflächlich zu.

Ofenrohr zum Schornstein: wenn Abwärmeofen feststehend (in Wand oder auf Steinfußboden) und Rohr kurz, fest einmauern möglich, ab $\frac{1}{2}$ m Rohrlänge Enden beim Einmauern mit Alufolie (od. Zeitung) umwickeln wegen Längendehnung. Auf Holzfußboden: Immer auf beiden Seiten Doppelwandfutter, der Abwärmeofen schwingt mit dem Fußboden, Rohr muß Bewegungen mitmachen!

6.: Leichtbau-Abwärmeofen

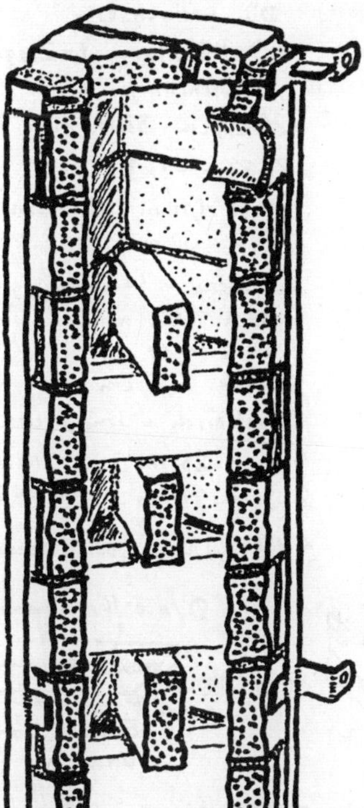

↑ in **Eisenrahmen** gemauert, an die Wand zu schrauben, transportabel für Umzug!

1) Bauweise aus Dünnformat-Ziegeln:

a) schräge Steine direkt aufeinander:

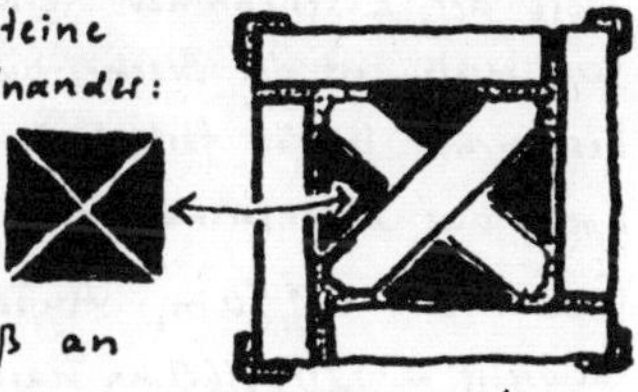

Freier Zugquerschnitt klein → da Engpaß an jedem Übergang von Lage zu Lage. Gut bei kleinen Öfen oder starkem Schornsteinzug. Sonst:

b) Steinklötzchen von je mind. 1/2 Ziegeldicke (z. B. Schamotteplattenreste) zwischen alle schrägen Steine: Kein Engpaß mehr am Übergang, freier Querschnitt:

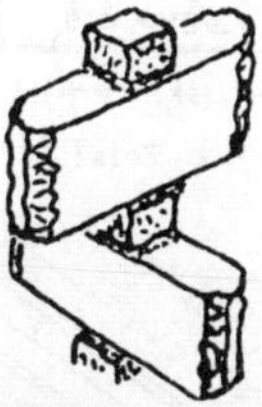

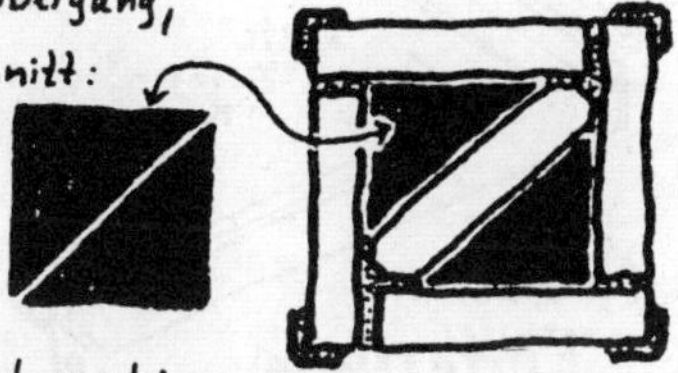

Gut bei größeren Feuerungsöfen oder schlechtem Schornsteinzug.

Wichtig: Querschnitt ca. 1 1/2 × Ofenrohrquerschnitt reicht dicke, denn der Abwärmeofen steht senkrecht und beschleunigt den Rauch!

2) Bauweise aus Ziegel-Fußbodenplatten und dünnen Schamotteplatten-Resten: unempfindlich gegen plötzliche Hitze!

Mit glasig-hart gebrannten dünnen Platten (~ 2-2,5 cm dick) enorme Heizkraft für die Größe!

3. Einfachst-Bauweise:

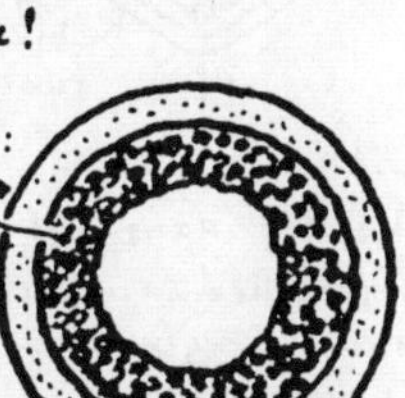

Steinzeug-Kanalrohr mit Stampflehm ausgekleidet! Dick genug (ca 3-4 cm) auskleiden, sonst kann das Rohr bei plötzlicher Hitze reißen!!

Der Bau Schritt für Schritt, Bauweise 1a, genau wie Abb. S. 37.

Weil der Eisenrahmen genau bemessen sein muß, ist die Beschreibung für eine bestimmte Größe festgelegt: 12 Lagen hoch, aus Dünnformat-Ziegeln 24×11,5×5,2, Gesamthöhe ~ 1,50 m, Außenfläche ~ 2 m², Gewicht ~ 120–160 kg nach Steinsorte.

Du brauchst:
- 60 Dünnformat-Ziegel
- 2 Ofenrohrfutter
- ~28×28 cm Blech mind. 1 mm dick

T-Eisen ~ 3×3 cm:
- 1 St. à 1,10 m (stückeln möglich)
- 1 St. à 30 cm

L-Eisen ~ 3×3 cm:
- 4 St. à 1,42 m
- 1 St. à 1,10 m
- 1 St. à 30 cm

Flacheisen ~ 3 cm breit:
- 4 St. à 25 cm } notfalls auch
- 2 St. à 11 cm } L od. T-Eisen

4 dicke(!) Nägel od. Eisenreste.

Erstmal die Eisenarbeit...

die ist kompliziert, das Ausmauern dafür total einfach...

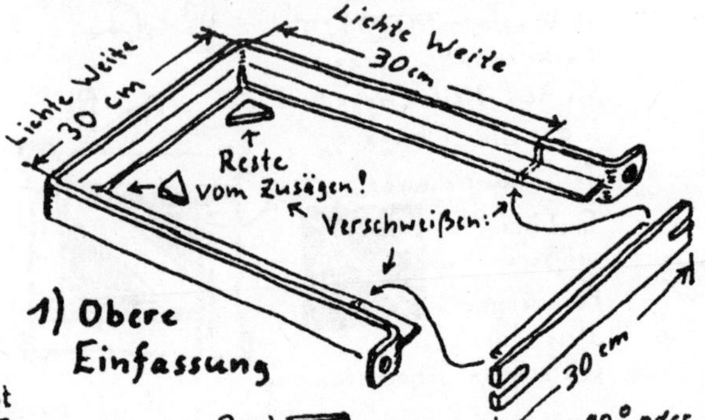

1) Obere Einfassung

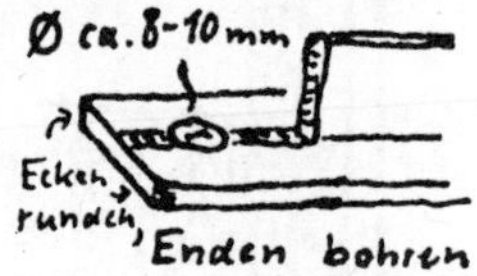

Enden bohren und

umbiegen. Lappen mit Loch dafür in Schraubstock spannen.

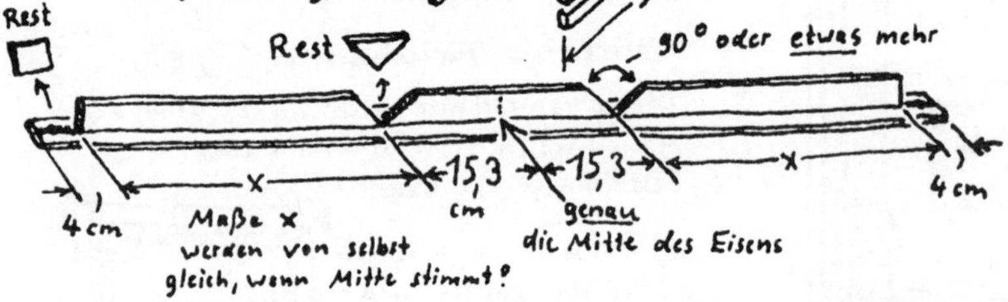

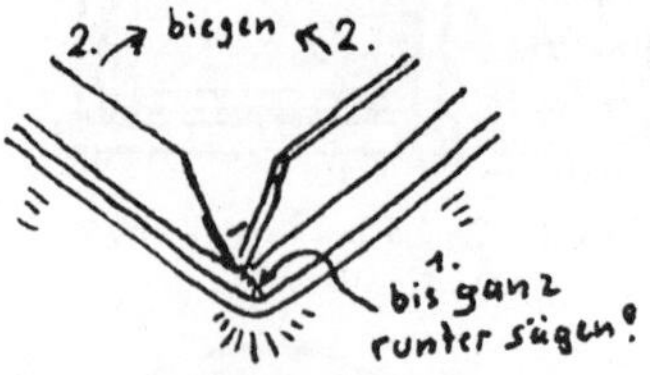

1. Winkel aus dem Mittelsteg ganz auf den flachliegenden Steg runter aussägen (sonst geht das Biegen schwer),
2. Zusammenbiegen,

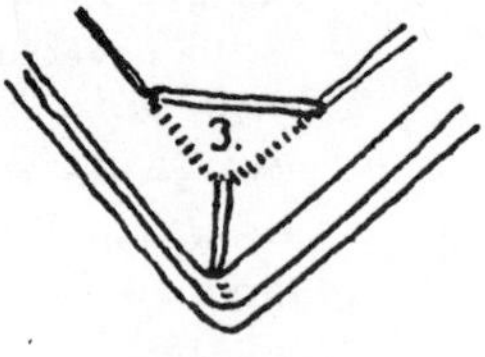

3. zusammenschweißen oberpfiffig mit dem rausgesägten Rest-Dreieck! Superstabil!

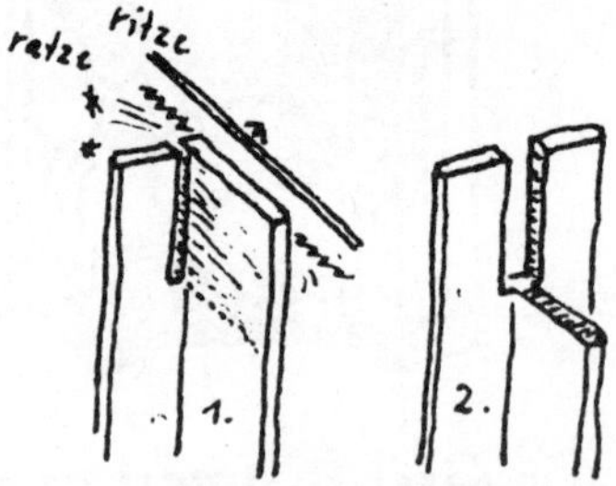

Kurzes Stück (30 cm)

1. Links & rechts vom Mittelsteg einsägen, dann Mittelsteg
2. absägen, so weit wie der Mittelsteg des Gegenstücks reinreicht. Rest abbrechen.

2) Untere Einfassung

Maße, Zusägen und Verarbeitung ziemlich genau wie obere Einfassung, nur aus Winkeleisen (1×1,10 m, 1×30cm)

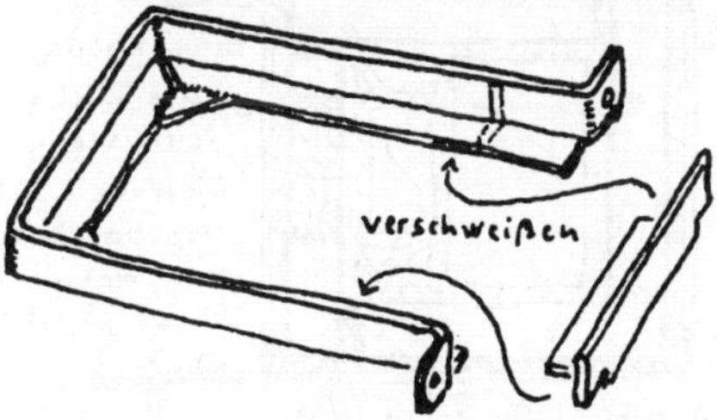

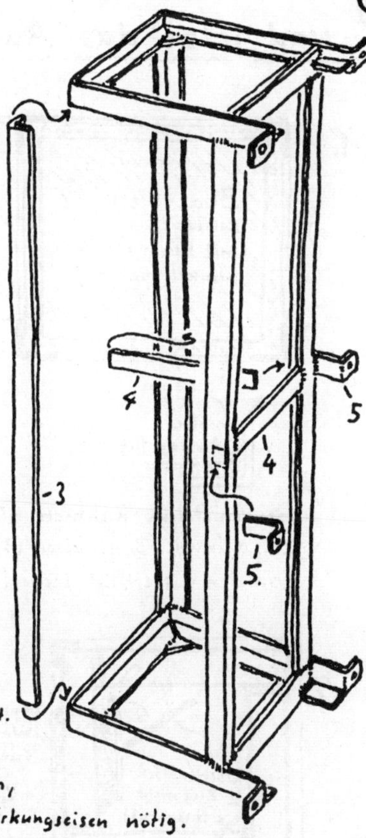

3) mit den 4 langen Winkeleisen verschweißen, →

Rahmen schon fast fertig!

4) die 4 Verstärkungs-Flacheisen

zwischen die Winkeleisen schweißen, etwa auf halber Höhe oder wo's schön ist.

Wenn Du nur L oder T-Eisen hast, natürlich da, wo der querstehende Steg in eine Fuge greift.

Bei größeren Öfen:
Wenn Eck-Winkel (Schritt 3) 3×3cm, alle 80 cm,
wenn Eck-Winkel 4×4 stark, jeden Meter Verstärkungseisen nötig.

5)

die 11-cm-Flacheisenstücke bohren und zu 2 Winkeln biegen, anschweißen da, wo auch die Verstärkungs-Flacheisen sitzen.

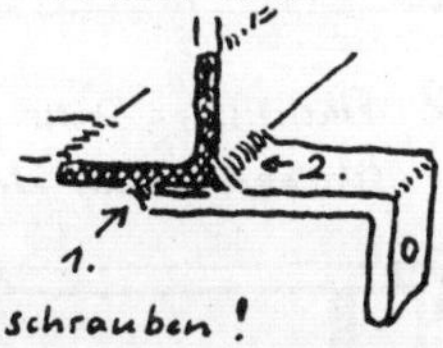

Überlappend mit 2 Schweißnähten! (1., 2.)

Jetzt hat der Ofen 6 Punkte zum An-die-Wand-schrauben!

* Alle Verbindungen kannst Du auch nieten:

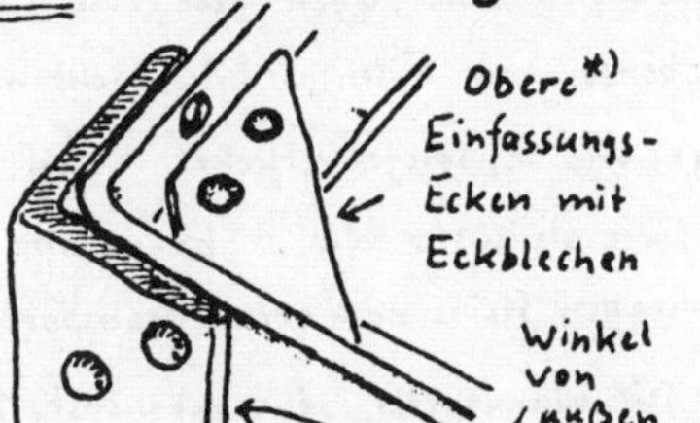

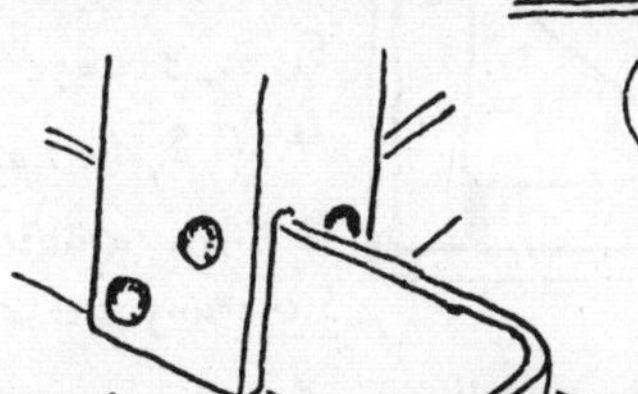

...und jetzt das Ausmauern!

Für dünne Fugen (4-5mm) berechnet!

1.

a)

bei genietetem Rahmen nicht zu dünnes Bodenblech (≥1mm) einnieten – statt Eckbleche!

b)

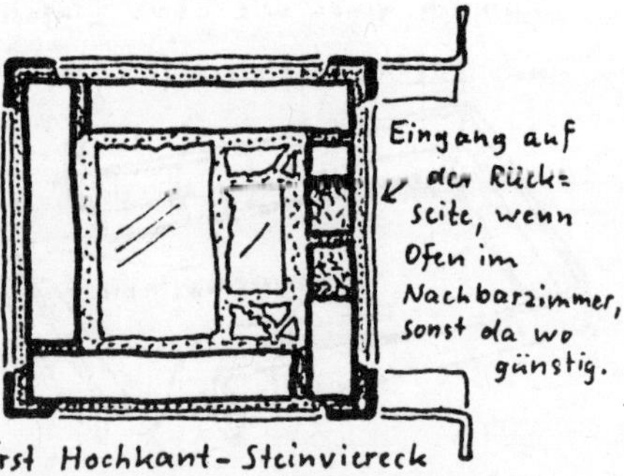

Erst Hochkant-Steinviereck setzen, alle Fugen untereinander und zum Eisen voll!

Ofenrohr-Eingang:

Stein halbrund aushauen oder aus 2 Bruchstücken machen (wird ja im Eisen und vom Boden gehalten)

2.

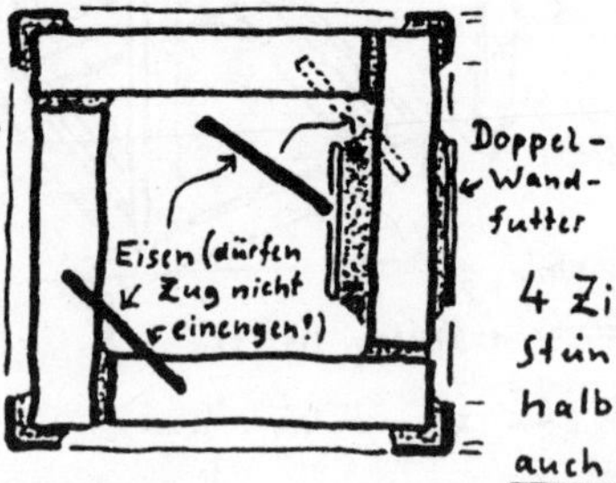

Dann Boden ausmauern: 1× ¾ Stein, 1× ¼ Stein, liegend, paar Bruchstücke, alle Fugen voll Lehm.

4 Ziegel hochkant, dabei Wandfutter einmauern. Stein überm Wandfutter möglichst aus 1 Stück, halbrund ausgehauen (Bild oben). Fugen voll, auch zum Eisen. Das gilt für alle Lagen!

2 Flacheisen- oder Nagelstücke, mind. 4mm dick, auflegen, sichern den schrägen Stein der nächsten Lage (und damit alle schrägen Steine)!

3.

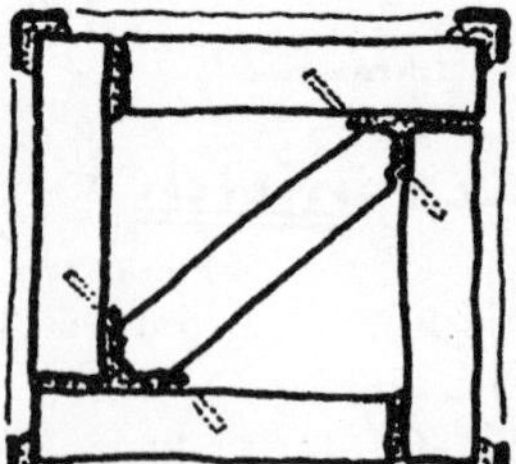

3. Lage Viereck aus ganzen Ziegeln, und 1 Ziegel schräg (diagonal), sitzt auf Eisen. Kanten so weit wie nötig abgehauen. Alle Fugen gut voll.

5., 7., 9. Lage ebenso, nur Eisen drunter nicht nötig.

4., 6., 8., 10. Lage wie 5., spiegelverkehrt. Auf 10. Lage 2 Eisen drüber (wie sie unter der 3. Lage sind) als Sicherung der schrägen Steine nach oben (Transport!)

11. wie Außenviereck von 1., Aussparung für Wandfutter, Stein möglichst 1 Stück.

12. wie 2. (nur Nägel drüber nicht nötig). Fugen voll! Auch zum Eisen!

Decke: 2 Steine liegend nebeneinander mit Lehm in die obere Einfassung mauern. Zugleich Reinigungsöffnung, wenn Fegen durch die Ofenrohrlöcher mal nicht reicht.

Beispiel 7: Abwärme-Ofenbank

...nicht nur ein sehr „angenehmes" Möbel, sondern auch „die" Lösung bei schwachen Fußböden, wo die Last auf mehrere Balken verteilt werden muß.

Dr: Drosselklappe

W: Wandhalter für frei liegendes Ofenrohr! (S.54)

Zweizügige, an der Wand stehende Bank.

1 lfd. m. heizt 7-12 m².

Hier „durch die Wand" angeschlossen:

1. Zug auf der Zimmerseite, 2. Zug auf der Wandseite, daher Trennwand abgewinkelt.

Wegen Belastung (Draufsetzen u. -steigen) muß 1 Seitenwand liegend gemauert sein, Hochkant-Seitenwände aus Normalformat-Ziegeln. Alles andere aus Dünnformatziegeln.

Einfachste Bauart mit einem Zug.

1 laufender Meter heizt 6-9 m² Zimmergröße.

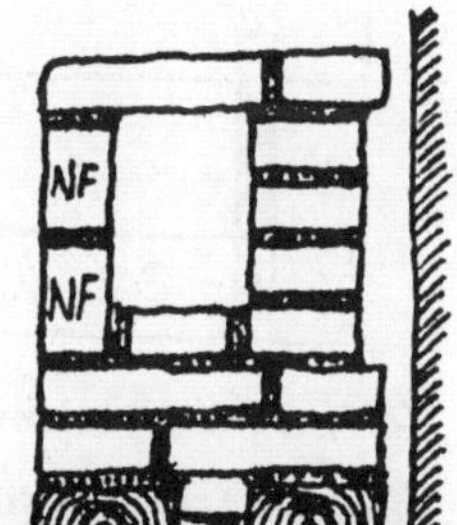

(Querschnitt)

Einfache Bauart für freistehende 2-zügige Bank.

1 lfd. m. heizt 9-15 m².

Bauschritte Lage für Lage (für Zweizüger an der Wand)

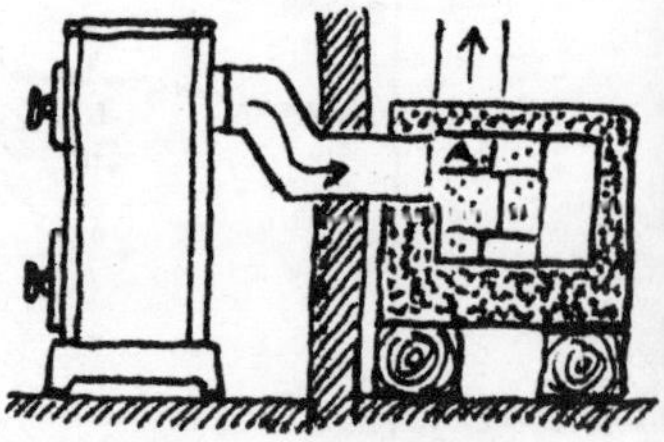

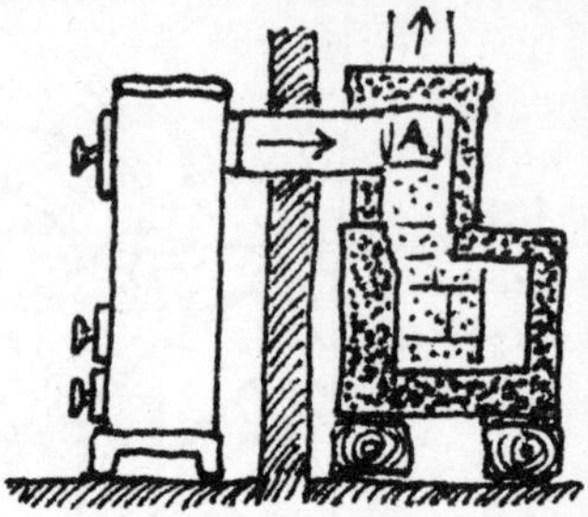

gezeichnet das Ende mit abgewinkelter Trennwand (komplizierteste Stelle). Zugquerschnitt ca. 2× Ofenrohrqu.

Ofenrohreingang nicht berücksichtigt, da verschiedene Anschlußmöglichkeiten:

- Ein- u. Ausgang an Wandseite (oder Decke)
- Ein- u. Ausgang an Schmalseite, Zimmerseite oder Decke, dann Trennwand gerade bauen möglich.

Ofenanschluß: Kleiner Knick abwärts möglich.

Bei sehr schlechtem Schornsteinzug oder hohem Feuerofen Löcher in Bank-Decke, darauf letzte Lagen des Standard-Abwärmeofens (Anheizklappe (A.), Ein- u. Ausgang enthaltend) bauen.

Stets Doppel-Wandfutter verwenden! (Beweglichkeit)

Unterbau:

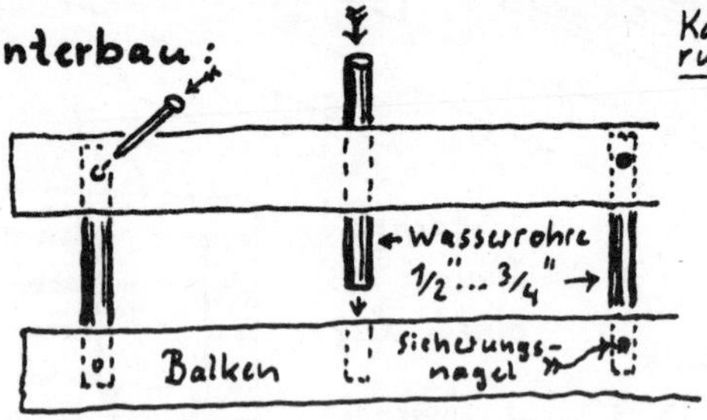

Öko, schön, leicht & stabil aus alten Balken, ca. jeden halben Meter mit Wasserrohr-Resten fest verbinden: stramm passendes Loch bohren, Rohr reinkloppen, Loch quer bohren, Nagel reinkloppen.

Für satte Auflage auf Fußboden: Streifen aus Weichfaserplatte o.ä. unterlegen.

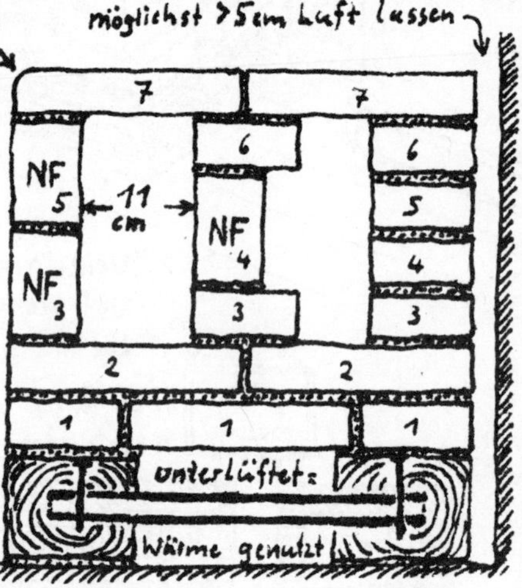

Schnitt Maßstab 1:10

Zahlen = Lage-Nummer.

1. Lage:

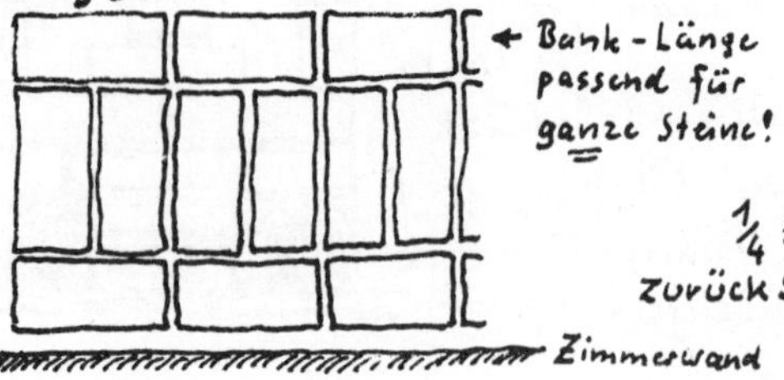

2. Lage:

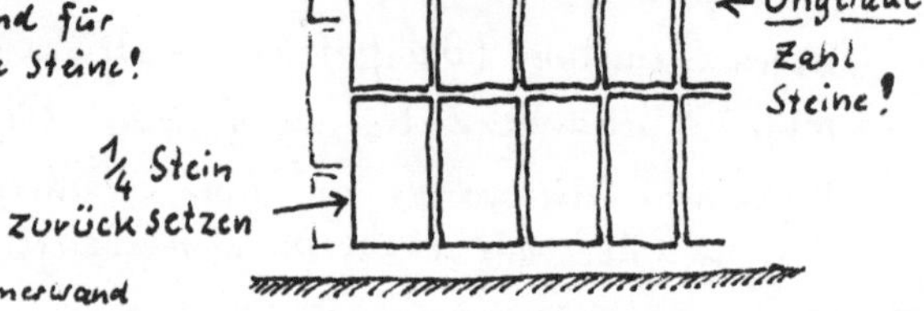

3. Lage

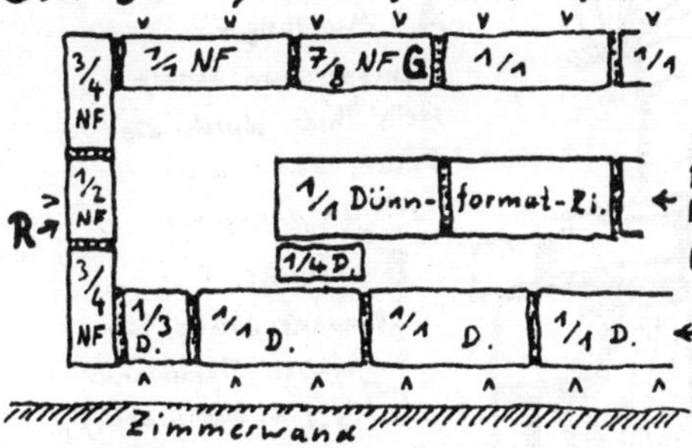

← Vorderwand und Seitenwände Normalformat-Ziegel (Kennzeichen NF) hochkant

← Reihe mittig auf Fuge der 2. Lage (Dünnf.-Ziegel liegend)

← Rückwand Dünnformat-Ziegel (Kennzeichen D.) liegend.

G: gekürzt (~7/8) damit Fugen mittig auf Steinen der 2. Lage.

R: am anderen Ende der Bank hier statt 1/2 Stein Reinigungsöffnung lassen!

4. Lage

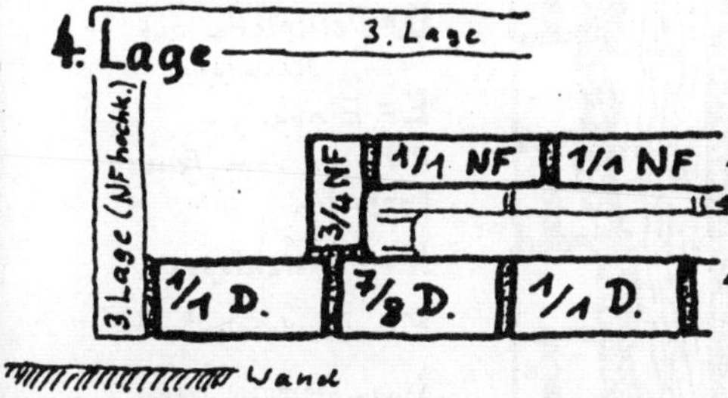

Vorderkante 4. Lage bündig mit Vorderkante 3. Lage.

← 4. Lage: Normalziegel hochkant

← 4. Lage: Normalziegel liegend. Oberseite gleich hoch wie Seitenwand 3. Lage.

Dick gezeichnet: Steine dieser Lage.

Dünn gezeichnet: Steine, auf die bei dieser Lage nichts drauf gebaut wird.

5. Lage

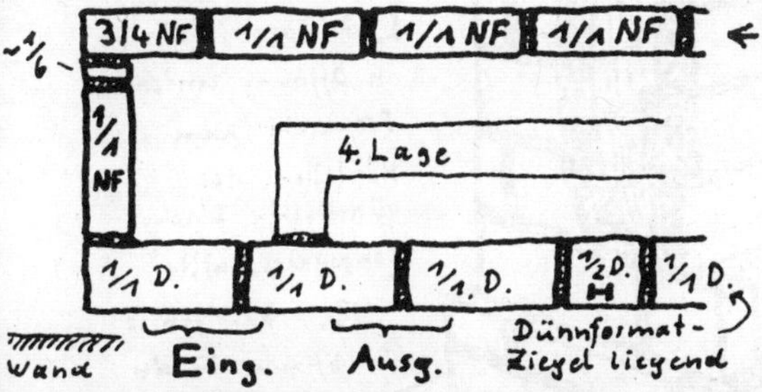

← Normalziegel hochkant

Eing. / Ausg.: evtl hier Ofenrohr – Eingang od. Ausgang beachten, falls nicht durch die Bankdecke angeschlossen.

H: halber Stein irgendwo in der Mitte, sonst paßt's nicht.

6. Lage

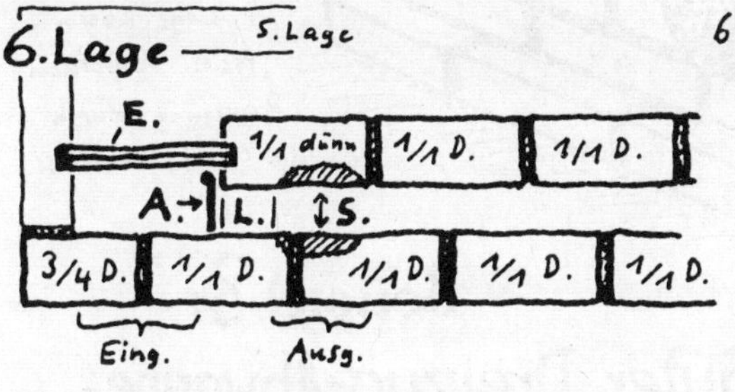

6. Lage: Dünnformat-Ziegel liegend.

E: Auflage für 7. Lage, ⊥-Eisen, Steg nach oben

A: Anheizklappe (ähnl. S. 28) jedoch Bau als Drosselklappe zugleich geht nicht, Drosselkl. im Ofenrohr.

L: Lücke frei, Durchgang zum Anheizen.

S: hier Steine schmaler hauen falls Ausgang durch die Decke.

7. Lage wie 2. Lage, jedoch:

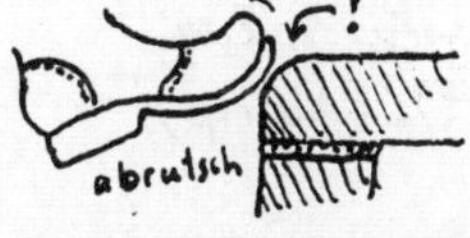

Kanten runden, sonst leicht →

Falls Ausgang durch die Decke, Bauweise siehe S. 33.

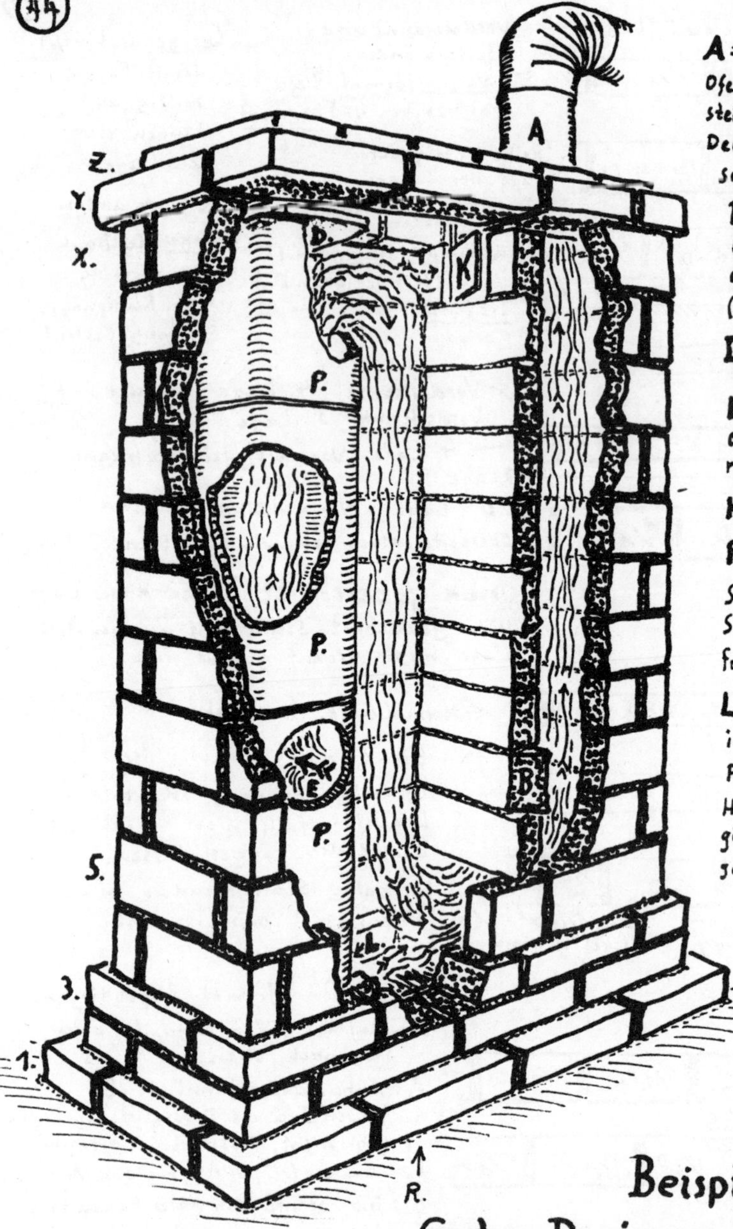

A = Ausgang – Ofenrohr zum Schornstein, hier durch die Decke, kann auch seitlich rausgehen.

B = Binder – behauene Steine für eingefaßte Trennwand (s. S. 53, 2. Bild li. oben)

D. = Deckplatte auf dem Plewarohr.

E = Eingang – Ofenrohr vom Feuerungsofen

K = Anheizklappe

P = „Plewerohr": Schamotterohr vom Schornsteinbau, freistehend als 1. Zug.

L. = Loser Stein in Öffnung unterm Plewarohr zum Herstellen des günstigsten Durchgangsquerschnitts

R. = Reinigungsöffnung in der 4. Lage überm Pfeil. Außerdem Reinigung durch die Ofenrohranschlüsse.

Beispiel 8:
Guter Dreizug-Abwärme-ofen,

günstig als Heizwand z.B. in ehem. Türdurchbruch oder freistehend, einfache u. sichere Bauart, für starke Hitzewechsel geeignet, weil 1. Zug mit Schamotterohr ausgeführt (billiger als Schamotteplatten!). (Aufriß)

Du brauchst für die hier gezeichnete Ausführung 14o Ziegel Dünnformat (zB 24x11,5x5...6 cm), da sonst zu wenig Platz für Plewarohr, 3 Plewarohre 14x14 cm lichte Weite (1 kann beschädigt sein, muß gekürzt werden) und ca. 3 Eimer Lehmmörtel. Die Heizleistung entspricht Beispiel 5, S. 34, 36. Wiegt ca. 38o kg, Gesamthöhe ca. 164 cm, Breite/Dicke 79x3o cm, Standfläche 49x98 cm (auch kleiner möglich), Heizfläche ca. 3,5 m^2.
Höher oder niedriger: Je Hochkant-Lage 9 Ziegel, 12 cm Höhe, o,26 m^2 Heizfl.

Zur Funktion: Der Rauchweg ist geteilt und verschieden lang. Damit der Abwärmeofen gleichmäßig warm wird (Problem s. S. 52, 28, 33), dosiere die Rauchmengen mit der Größe der Durchgänge, sonst Riß-Gefahr.
Oben großer Durchgang (> lichte Weite Plewarohr) weil viel Rauch durch muß.
Unten kleiner Durchgang (ist nur ½ liegend Stein groß), mit losem Stein (L) verengen, wenn Abwärmeofen unten ("runter"-Teil vom 1. Zug) zu warm wird.
Je tiefer Eingang E liegt, umso kleiner unterer Durchgang, aber nicht so klein, daß Abwärmeofen unten kalt bleibt...
Wichtig: E nicht höher als ca ½ Höhe des Abwärmeofens legen, sonst kommt der Rauch ganz heiß in den 2. Zug, Plewarohr und 1. Zug dann wirkungslos!!

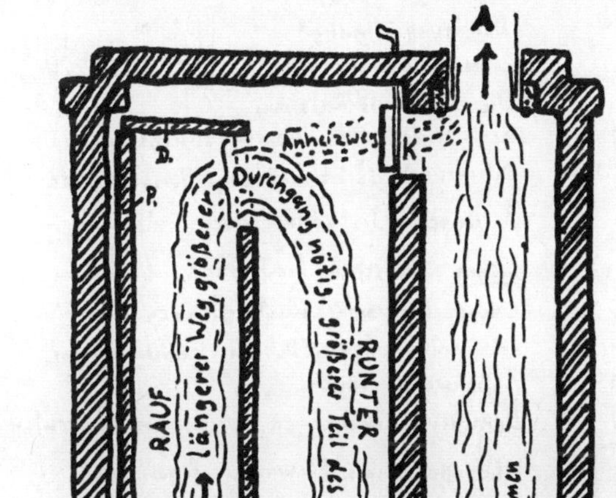

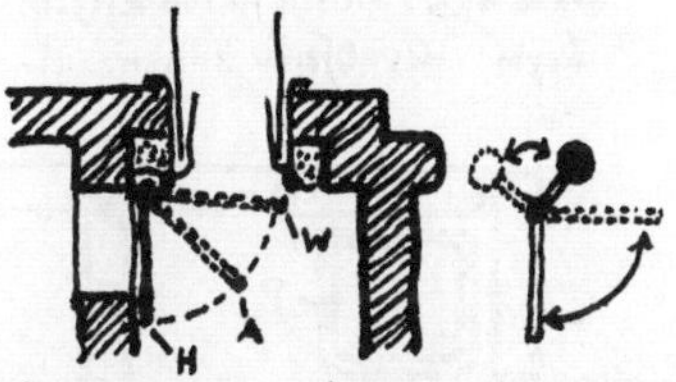

Extra prima: Anheiz- und Wärmehalteklappe zugleich, Prinzip S. 28. Stellungen Heizen (H) und Wärmehalten (W) behält die Klappe von selbst, wenn der Griff schwer ist und die Klappe, aus leichtem Blech, jeweils gegen den Anschlag (Trennwand bzw Rohrfutter) drückt. Für Stellung Anheizen (A) ist eine Arretierung (Haken o. ä.) nötig.

Ideal auch als **Abwärmeofen** über einem **Deckendurchbruch** zum Heizen von 2 Stockwerken (s. S. 54): Dann Eingang von **unten** in den 1. Zug, Rauchweg ungeteilt, loser Stein schließend und nur für Reinigung herauszunehmen.

Der Bau Lage für Lage

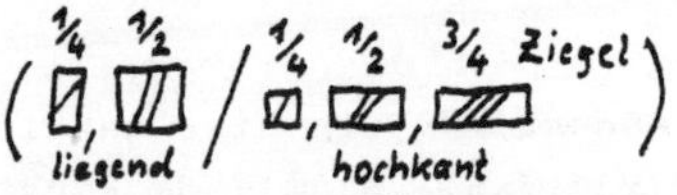

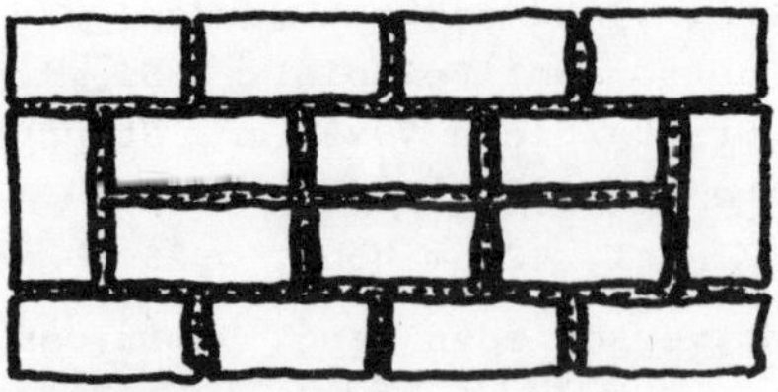

1. Lage geschlossen, Ofenboden
Falls schmaler nötig, s. 2. Lage!

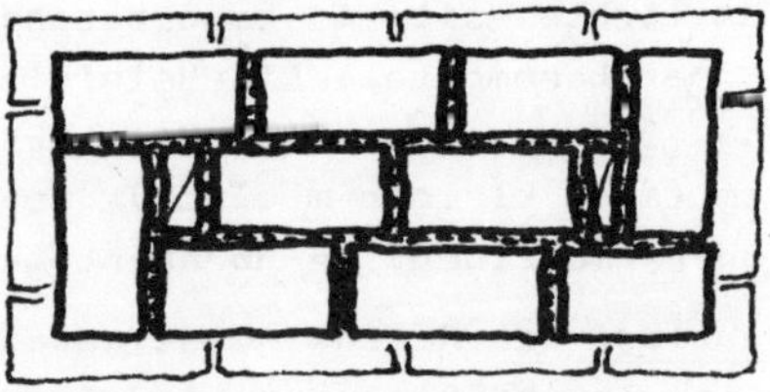

2. Lage geschl., Ofenboden. Falls schmaler Sockel wichtig (z.B. Wanddurchbruch), 1. Lage wie 2. Lage S. 23 re. oben mauern + Blecheinlage!

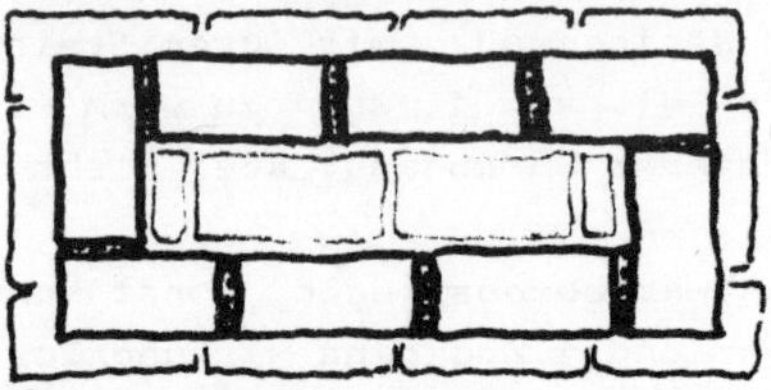

3. Lage: Viereck aus 8 Ziegeln liegend, Beginn des Ofen- Innenraumes.

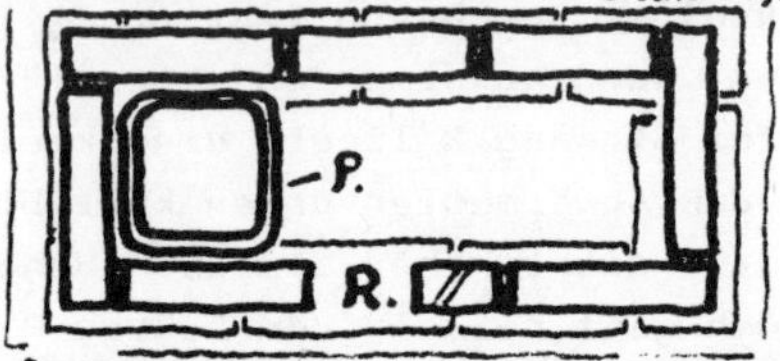

4. Lage: Beginn des Hochkant-Mauerns.
Reinigungsöffnung!
Erster Plewarohr einsetzen:

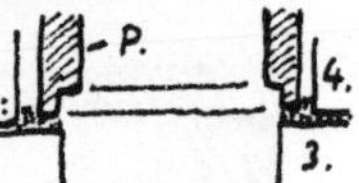

Die Seite mit Falz innen nach unten (wäre beim Schornsteinbau falschrum), steht auf dem Vorsprung der 3. Lage. In Lehm setzen. Aber: <u>kein Lehm</u> zwischen Plewarohr und Außenwand, Plewarohr muß freistehen und ringsum mind. 1/2 cm (Dehnfuge) Abstand zur Außenwand haben.
Dehnfuge sichern: ca. 20 cm breiten Streifen Wellpappe ums Plewarohr legen und beim Mauern jede Lage ein Stück höher ziehen.

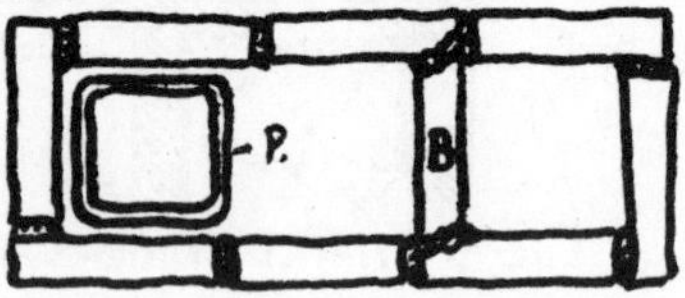

5. Lage: Beginn der Trennwand zwischen 2. u. 3. Zug. Stein B behauen und so in die Außenwand einfügen (Außenwandsteine behauen)

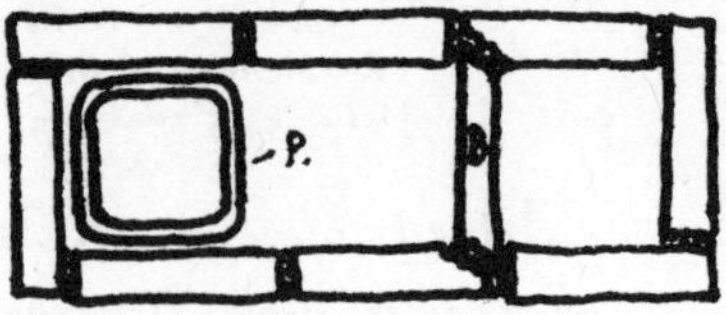

6. Lage: 2. Lage mit Trennwand. Auch hier Stein B behauen und verankern.

7. – 13. Lage (evtl. mehr oder weniger Lagen je nach gewünschter Höhe): entspr. 5. / 6. Lage.

Trennwand in folgenden Lagen:

Allgemein nur so einmauern:

aber ca. jede 4.–5. Lage und letzte Lage unter Lage X Trennwandstein einfügen (B).

Wichtig: Eingangs-Ofenrohrfutter <u>mit 1/2 cm Dehnfuge</u> ins Plewarohr <u>hineinragend!</u>

Detail: Arbeiten am „Plewarohr“: Schornstein-Schamotterohre sind sehr hart, schwierig zu bearbeiten. Kürzen/Aussparen am besten mit Trennscheibe (Schutzbrille! Windiger Ort oder Atemschutz! Krach!); mühsam, aber „öko“ mit vielen kleinen Schlägen mit der Hammerecke (ähnl. S. 20). Loch für Ofenrohrfutter: Anzeichnen, Loch an Loch auf der Linie mit Steinbohrer bohren (mit Wasser kühlen, günstig Schlagbohrmasch., aber vorsichtig), Stege zwischen den Löchern wegmeißeln (feiner scharfer Flachmeißel + Vorsicht).

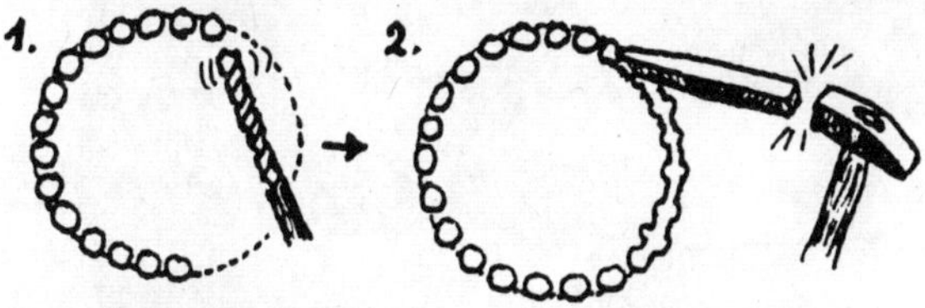

Tip: Das „Plewarohr“ muß nicht von Fa. Plewa sein, besonders billig ist das Fabrikat „OTAVI“, aber für uns gut. Wir brauchen die Rohre ohne Isolierung!

Einbau des Eingangs-Ofenrohrfutters: Ausführung mit Wulst (W!) außen wählen, hält sonst nicht gut in der dünnen Außenwand!

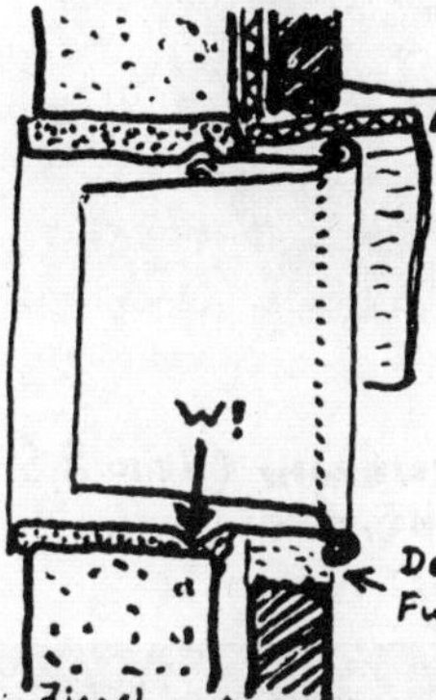

Beim Einbau Wellpappe zwischen Plewarohr und Wand und zwischen Plewarohr und Futter legen, damit kein Lehm dazwischen kann. Pappe verbrennt später.

Dehnfuge zum Futter 1/2 cm!

↑ Plewarohr

Dehnfuge zur Außenwand mind. 1/2 cm

Falls Dehnfuge zu klein: Riß-Gefahr!

Falls Dehnfuge zu groß: Rauch zieht außen zwischen Plewarohr und Außenwand durch, wo immer er „Abkürzungen“ findet, → heiße Stellen, Riß-Gefahr.

Trick: Steinwolle zwischen Wand und Rohr rings ums Futter! (St!)

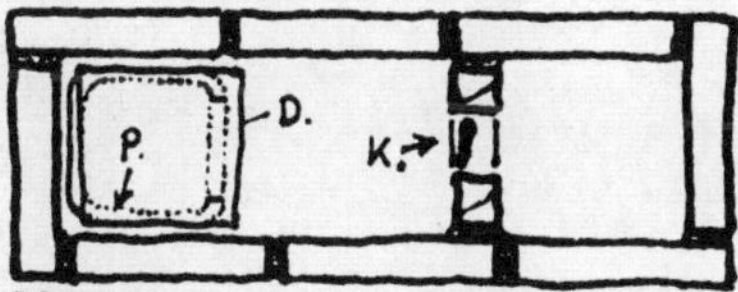

← **Anheizklappe** nicht vergessen! (K.), s. auch S.

X. Lage: letzte Hochkant-Lage.

Plewarohr vorm Einsetzen mind. 5cm unter Oberkante X. Lage abkürzen und Aussparung, lichte Weite ≥ Innenquerschnitt machen!

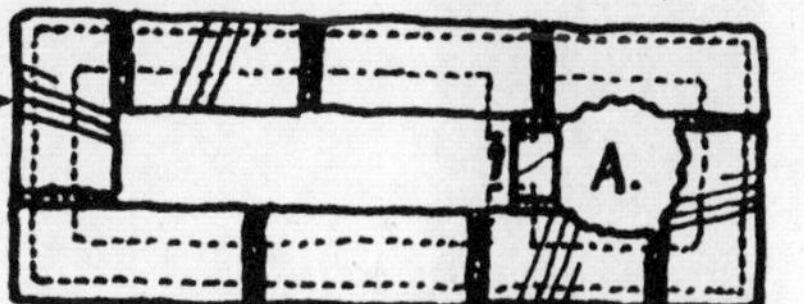

Y. Lage: Ziegel liegend, Aussparungen für Ausgangs-Ofenrohrfutter passend hauen (A.)

Deckplatte (Schamotteplatten od. Plewarohrreste od. dickes Blech) oben draufmauern. Oberkante Deckpl. mind. 1cm unter OK X. Lage! Beim Weiterbau 3-fach Wellpappe drauflegen, damit ≥ 1cm Dehnungsspielraum nach oben sicher bleibt!

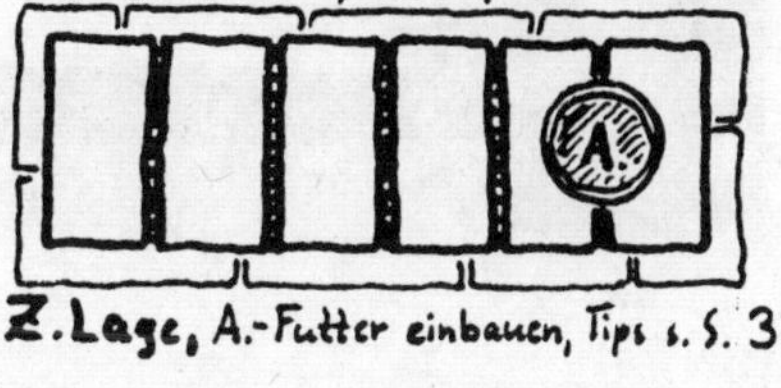

Z. Lage, A.-Futter einbauen, Tips s. S. 33.

Bau des Dreizug-Abwärmeofens mit Plewarohr (Beisp. 8, S. 44)
(Sockel hier dicker ausgeführt). Unten: Ansicht, fertig.

Auf einer Bau-Ausstellung: **Beispiel 3** (S.26) und **Beispiel 9** (S.50, mit Wärmfach & Plewarohr)
offen zum Reingucken gemauert (hier: untere Lagen etwas geändert)

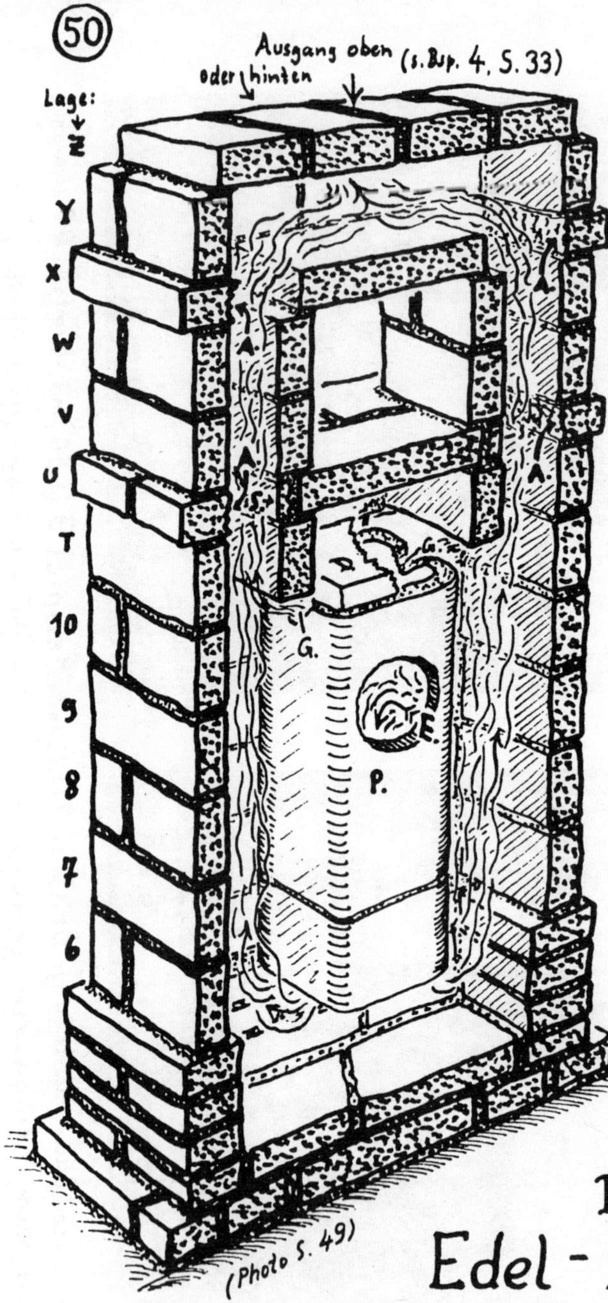

Diese Bauweise ist schmaler als Bsp.2, denn: die äußeren Züge sind enger und voll ausgenutzt, die Trennwandziegel (und ihr Einbau!) fallen weg. Stattdessen steht das Plewarohr mit Dehnfuge drin.

Hier gezeichnete Größe aus 122 Dünnformat-Ziegeln (S.45), 1¼*) Plewarohr 14x14 cm li. W., ca 2½ Eimer Lehmmörtel.

Gewicht ca 28o kg
Höhe ca 16o cm
Standfläche 74 x 49 cm
Breite/Dicke 55x3o (6ox36)cm

Hochkantlagen (Liegendlag.)
Heizfläche ca 2,8 m^2
Heizleistung knapp der von Bsp.1 (S.18) entsprechend.

Andere Größen ? Mehr oder weniger Hochkant-Lagen unter Lage T oder zwischen Lage U und X, 1 Lage = 6 Ziegel,**) 12 cm Höhe, o,2 m^2 Heizfl.

A: Passend ausgehauener Stein, Aussparung für Zug!
D: Deckplatte auf Plewarohr
E: Eingangs - Ofenrohranschluß
G: Gasschlitze, beidseitig gleich!
P: „Plewarohr": Schamotterohr vom Schornsteinbau *)
S: Ziegel-Scherben (Abfall vom Behauen) zum Ausfüllen).

*) z.B. auch aus 2 Reststücken.
xx) unten: je Lage ¼ Länge Plewarohr.

Beispiel 9:
Edel - Abwärmeofen,
leicht & mit „Plewarohr" für starke Hitzewechsel, Wärmfach & geteilter Zug wie Bsp. 4, S. 30.

1.–5. Lage wie 1.–5. Lage Bsp. 3, S. 27.

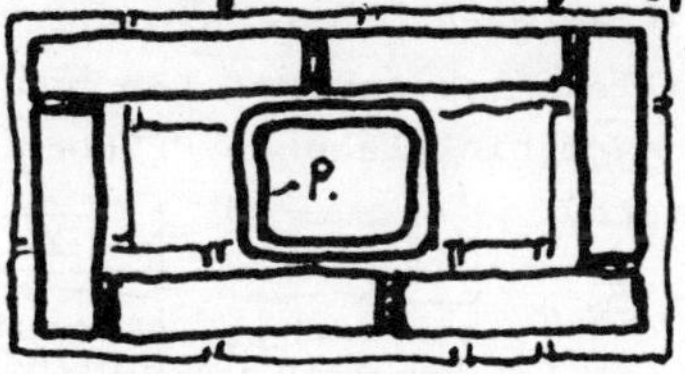

6. Lage: 1. Hochkant-Lage. Plewerohr P. sitzt auf Vorsprung der 5. Lage, beachte Hinweise Bsp. 8 S. 46!

8., 10., (evtl. 12. ...) Lage ebenso.

7., 9., (evtl. 11. ...) Lage spiegelverkehrt.

Achtung: Einbau vom Eingangs-Rohrfutter s. Bsp. 8 S. 47!! Hier unbedingt Dehnfuge mit ca. 5 cm breitem Ring aus Steinwollplatte abdichten, s. rechte Detailzeichnung S. 47.

Gasschlitze (G.):

Entweder: Rand des Plewarohres seitlich so aushauen:

Oder: Deckplatte mit 1 cm dicker Fuge aufsetzen, dabei seitlich 2× 4 cm Fuge offen lassen.

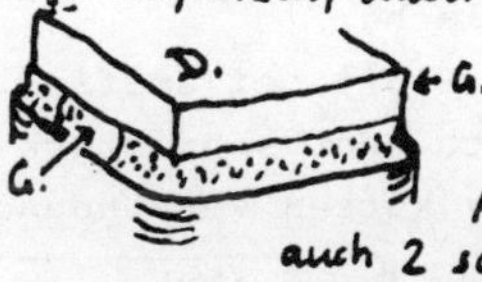

Als Deckplatte auch 2 schmaler gehauene 3/4 Ziegel verwendbar.

Mind. 1 cm Dehnungsspielraum nach oben sichern!

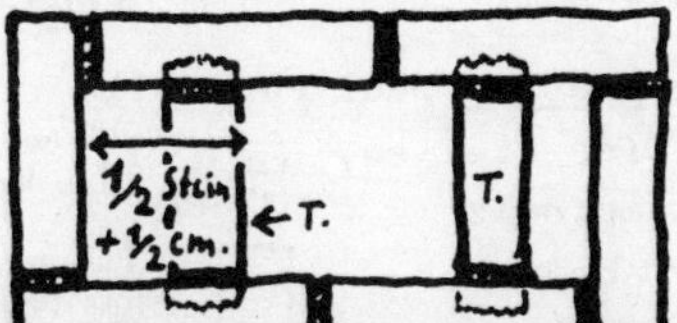

Lage T.: Trägersteine T. für Wärmfachbodenstein einbauen s. re. oben!

Lage T kann auch wegbleiben, dafür wie 7. Lage gemauerte Lage, Plewarohr höher möglich, Wärmfachboden auf 2 Flacheisen setzen.

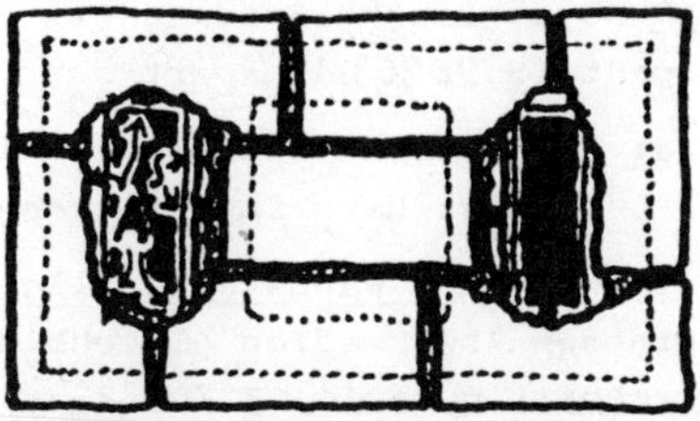

Lage U: Steine so aushauen, daß volle lichte Weite des Zuges frei (A.)! Scherben (S) als Auflage für die nächste Lage einmauern.

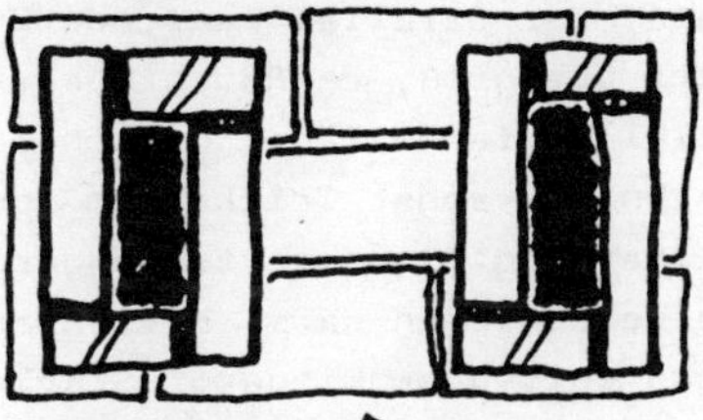

Lage V: Mitte frei als Wärmfach. Lage W entsprechend, spiegelverkehrt. Weitere ebensolche Lagen möglich.

Lage X. Aussparen wie Lage U.

Lage Y. wie 6. Lage ohne Plewarohr. Zwischen Lagen X und Y ringsrum Armierung aus Streifen von feinmaschigem Kaninchendraht einlegen.

Lage Z.: wie Lage Z Bsp. 4 S. 33, nur aus nur 4 Ziegeln.

Übersicht: Planung, Bau-Details, weitere Tricks

Richtwerte für Abwärmeöfen aus hochkant gemauerten mittelharten Ziegeln!

Heizfläche: Gesamt-Oberfläche außer Standfl. 3x so groß wie Feuerofen (S. 7).

Heizleistung: wirksame Heizfläche[1] mal 6-10[2] = allein vom Abwärmeofen beheizbare Wohnfläche. ([1] Decke höherer Öfen und zur Wand hin stehende Flächen nur halb zählen, [2] je nach Wärmebedarf des Zimmers).

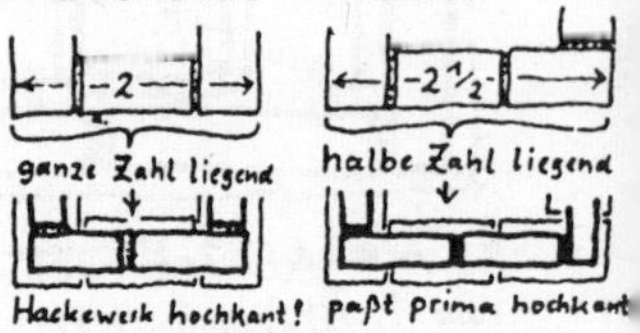

Untergrund sichern, Sicherheitsabstände S. 11-15.

Grundriß so wählen, daß für ganze hochkant gemauerte Ziegel paßt (S. 26,30,37), spart sehr viel Hauarbeit!

Zuglänge: Abwärmeofen richtiger Heizfläche mit Zügen richtigen Querschnitts füllen, Länge ist dann im günstigen Bereich. Kürzer wenn Schornstein schlecht

Zugquerschnitt und Wandstärke allgemein vom Feuer zum Schornstein abnehmend, bei kleineren Abwärmeöfen gleichbleibend möglich wenn kein zu heißer Rauch.

Zugquerschnitt günstig: 1.Zug 2-3x Ofenrohrquerschnitt (nicht Durchmesser!), letzter Zug $1\frac{1}{2}$ - 2x Ofenrohrqu., Engpässe unter $1\frac{1}{2}$x Ofenrohrqu. vermeiden!

- sehr heißer Rauch: Übergroßer Querschnitt mindert Wärmeabgabe an Ofenwand.
- Flugasche-Sammelstellen: Durchgang unter Trennwand bei senkrechten Zügen oder liegende Züge allgemein (S. 36) weiter machen.
- Schmale oder parallel laufende Züge: Gesamtquerschnitt übergroß, da Rauch mehr Reibungsfläche hat.
- Parallel laufende Züge: gleich lang, gleicher Querschnitt, sonst Tricks zum Ausgleichen nötig, S. 33.
- geteilter Zug: Rauchverteilung regeln, sonst Ofenteile verschieden warm, Hitzespannungen, Risse. S. 28.
- Ausgang weit über Eingang: Starke Sogwirkung des aufsteigenden Rauches, gut bei schlechtem Schornstein, sonst Hindernisse in Zugweg bauen (S. 37).

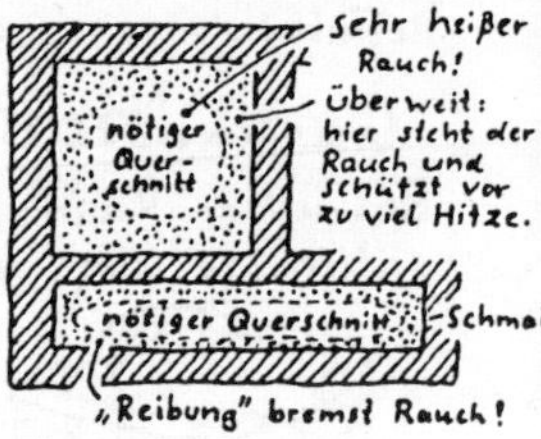

Wandstärke normal für Abwärmeöfen: Ziegel hochkant. Dicker für mehr Wärmespeicherung, aber weniger Heizleistung pro Heizfläche.

Doppelte Wand, Schamotte- oder Stampflehmauskleidung (S. 37) bei empfindlichen Steinen (Hartbrand) im 1.Zug, oder wenn Hitze plötzlich oder sehr stark kommen kann (großer Feuerofen ohne Deckenzug oder ganz kurzes Verbindungsrohr

Schamottieren: Platte gut wässern, Schamottierlehm gleichmäßig draufstreichen, Platte an Ofenwand drücken, dabei rütteln, bis Lehm überall herausquillt. Lufteinschlüsse mindern Heizkraft! Dehnfugen in den Ecken außer wenn in Eisenrahmen (S. 40), der dehnt sich mit.

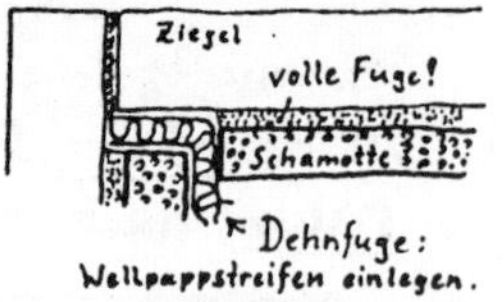

Stampflehm: Verschalung aus Brettern zusammenstecken oder Papprolle aus Teppichgeschäft nehmen, Papier drum, in Ofen stellen, kleine Schichten Stampflehm mit Latte als Stampfholz gründlich in den Zwischenraum stampfen. 2-5 Tage trocknen lassen, Verschalung rausnehmen (zerlegbar einbauen mit Keilen o.ä., nicht rausbrennen, Hitzeschock, Risse!).

Einfach & extrasicher gegen Hitzewechsel weil frei dehnbar: Schornstein-Schamotterohr freistehend einbauen.

Trennwände einbauen:

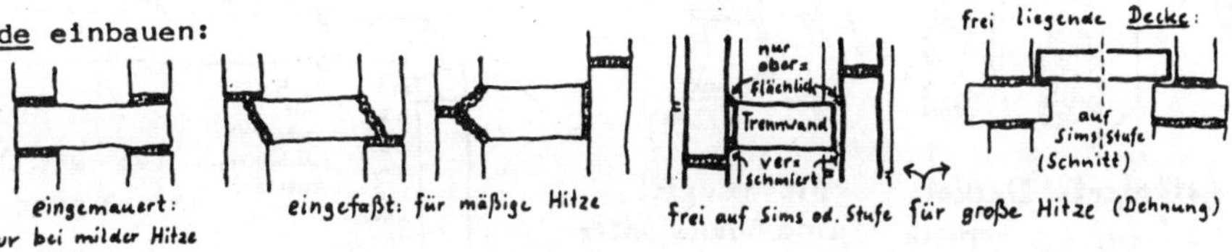

Poren abdichten (rissige Ziegel): Züge innen mit Lehmschlämme einpinseln.

Gasschlitz, **Anheizklappe**, **Drosselklappe** s.S.28.
Spezialklappe für wechselnd **Holz-Kohle**-Betrieb: Für Kohle direkter Weg zum Schornstein wegen Kohlenmonoxid wichtig, außerdem würde Abwärmeofen versotten, trotzdem bleibt Wärme vom vorher abgebrannten Holzfeuer gespeichert!

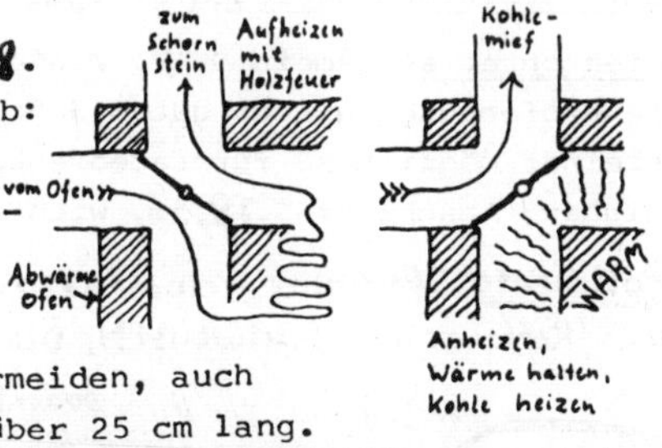

Ofenabschluß-Decke: Eisenträger möglichst vermeiden, auch bei Abwärmeöfen Dehnungsprobleme wenn Eisen über 25 cm lang.

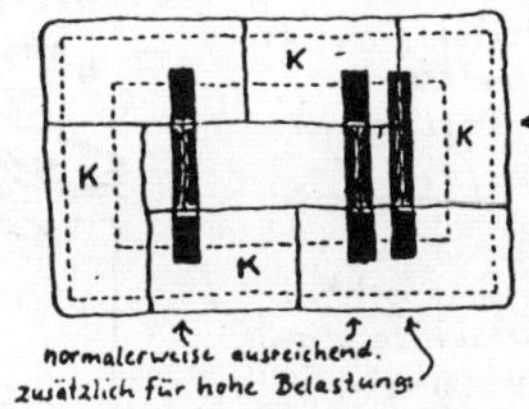

- Einfachste Decke: Steine quer legen. (Beispiele S.30,34)

← Schöne flache Decke (Umschlag hinten): Eisen nötig, Steine K kürzen, damit wenig Überstand, Kanten runden für Haltbarkeit, sonst: s.S.43 unten!

•• Eisen-freie Edel-Decken:
1. s.S.26, für Belastung Kanten runden.
2.: sehr stabile Decke, falls besonders belastet, Kanten runden und 1. Lage mit gekürzten Steinen wie flache Decke.

1.

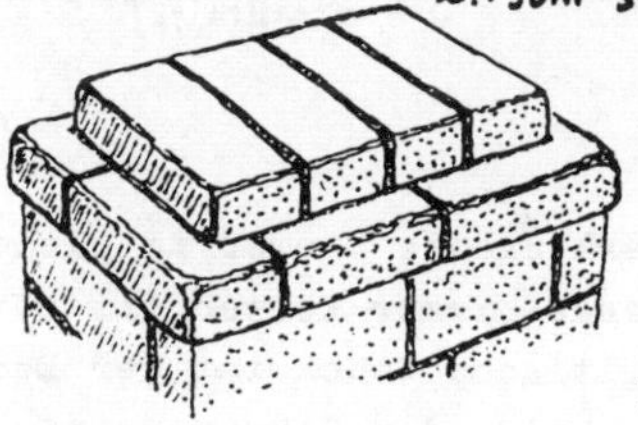

2.

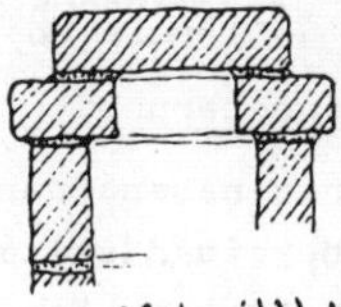

(Schnitt)

Nach dem Bau wichtig: Trocknen lassen und **vorsichtig einbrennen!** S.59

Reinigungsdeckel: Alle Züge, Gasschlitze usw erreichbar, lose Steine im Ofen können Reinigungsöffnungen sparen (S.36).

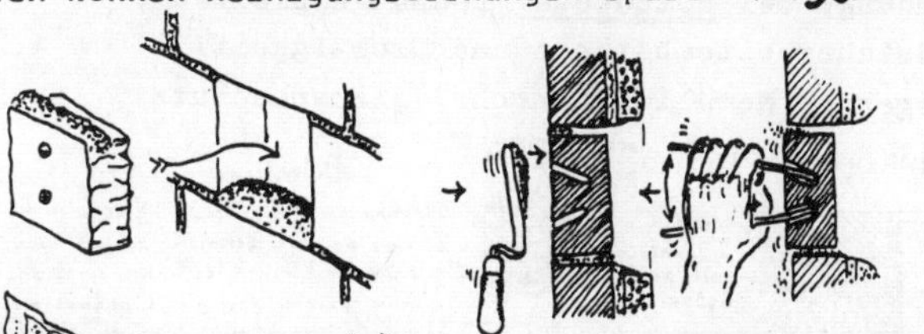

Einfach: In Stein 2 schräge Löcher bohren, damit er gut rauszuholen ist. Unten volle Fuge, seitlich und oben nur eben dicht geschmiert. Zum Öffnen: Lehm anfeuchten, oben und seitlich rauskratzen, Dübelhölzer o.ä. in die Löcher stecken, Stein rauswackeln.

Auch einfach, leicht zu öffnen: Ofenrohr-Wandfutter und passender Deckel („Verschlußkapsel").

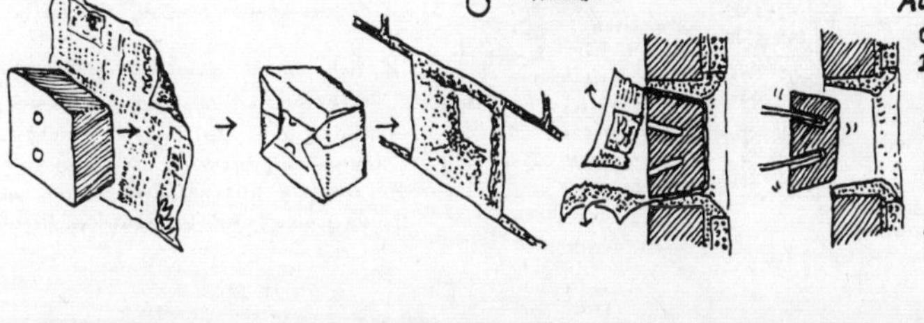

Edel: Stein konisch schleifen, in Papier wickeln und in Mörtel drücken. Paßt genau, geht leicht rein & raus.

Sehr schön: getöpferte Deckel.

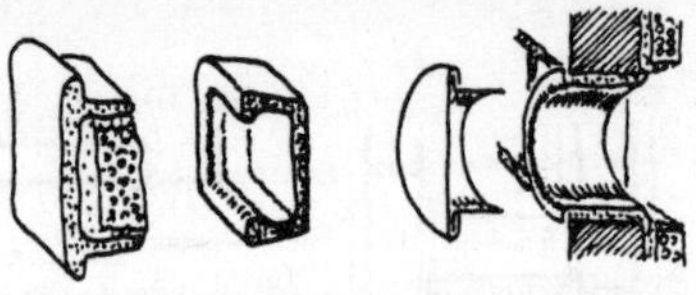

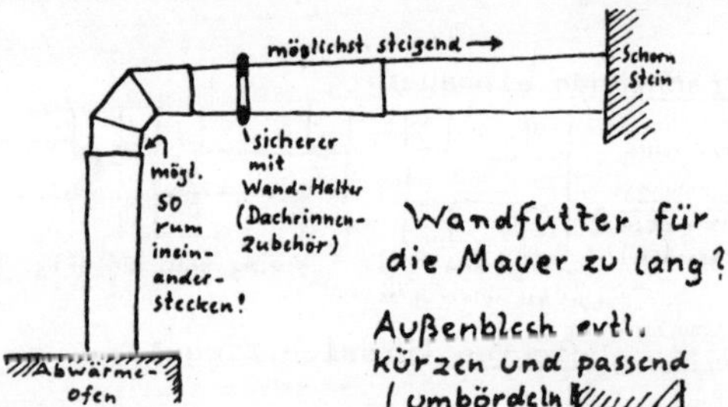

Selbstreinigungs-Ritzen s.S.36.

Ofenrohre: allgemein S.10, ø nicht unter Feuerofenausgang. Bei gutem Schornsteinzug kleiner möglich zB für Badeofenkessel (S.23). Einbau, Anschluß: S.28,36, wichtig!: S.47

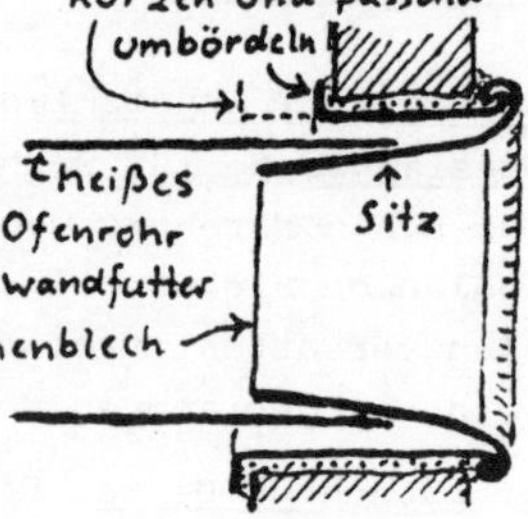

Pottdichte Ofenrohre selber bauen aus Kaffeedosen (geschweißt!), Ölkanistern o.ä.:

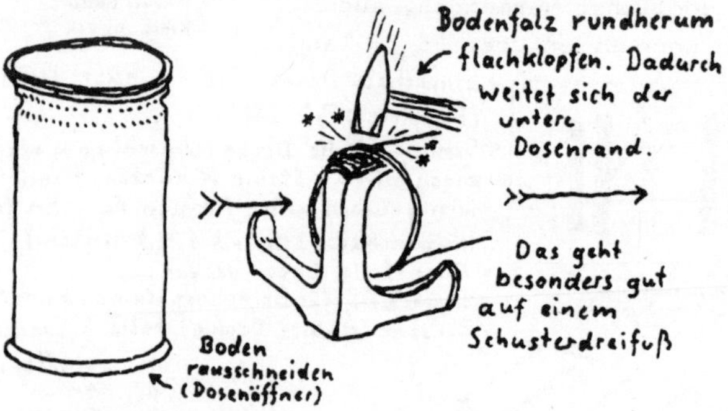

Deckendurchbruch

Nicht nur nebeneinanderliegende Zimmer im gleichen Stockwerk, sondern auch übereinanderliegende Zimmer können wir mit der Ofen-Abwärmeofen-Methode heizen. Das kritische Stück ist der Deckendurchbruch. Er ist immer genehmigungspflichtig, der Schornsteinfeger soll den Plan vorher sehen (zB diese Zeichnungen hier) und muß sich den Durchbruch angucken können, ehe Du den Abwärmeofen draufbaust, sonst kann er ihn nicht abnehmen. Wichtig bei Steindecke: für Dehnung bewegliche und trotzdem rauchdichte Verbindung; bei Holzdecke: Dehnungsspielraum, Schwingung der Decke, Brandsicherheitsabstände und Dichtigkeit! Am Abwärmeofen kein freiliegendes Metall (Ofenrohr!), Brandschutz.

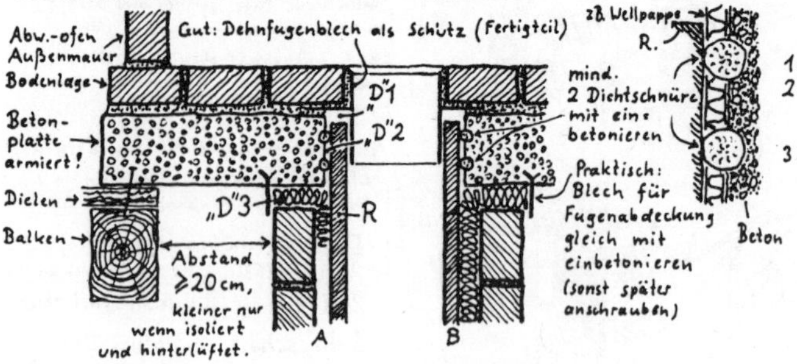

Dehnfugen „D"1-3:

1: mind. ca. 3 cm, bei stark federnder Decke mehr.
2: ca. 5 mm, beim Betonieren zB. mit Wellpappe sichern. Keine Ritze lassen, sonst sitzt das Rohr nachher fest – alles nochmal machen...
3: wie 1, jedoch mit Steinwolle dichtstopfen.

R: Rohr, mind. dickwandiges Stahlrohr, besser Schamotterohr (Schornsteinbau)

A: Ofenteil unter der Decke stark heizend: Ummauerung hochkant, ca. 2 cm Luft.

B: -"- wenig heizend: Zwischenraum voll Isolierung oder/und Ummauerung liegend.

Extra prima: Wasser heizen im Abwärmeofen! (55)

Wenn wir einen Wasserbehälter in den Abwärmeofen einbauen, können wir darin Heiz- oder Brauchwasser erwärmen. Es reicht zum Mitheizen eines kleinen Nebenzimmers oder für 2 ausgiebige Duschbäder am Tag. Die Wärme, die ins Wasser geht, wird dem Abwärmeofen entzogen, er heizt also schwächer als ohne Wasserbehälter. Weil das Wasser den Rauch intensiv kühlt, baue den Abwärmeofen insgesamt kleiner als normal zum Feuerungsofen passend oder nimm einen größeren Feuerofen.

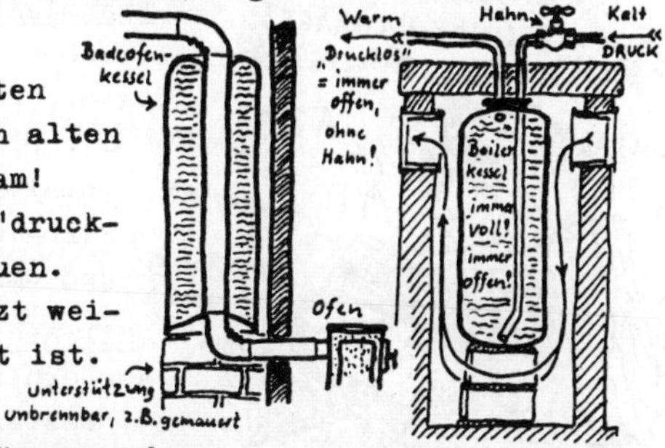

Praktische Tricks

Brauchwasser mitheizen: am einfachsten statt Abwärmeofen mauern Rauch durch alten Badeofenkessel schicken. Sehr wirksam! Oder alten Elektroboilerkessel als "drucklosen offenen Überlaufboiler" einbauen. Umständlicher, aber Abwärmeofen heizt weiter, auch wenn das Wasser verbraucht ist.

Heizungswasser mitheizen:

- als Zugtrennwand alten Flachheizkörper, oder
- zwischen den Zügen eisernen Behälter, extragut alte Propangasflasche* oder E-Boilerkessel einbauen. Wenn Verbindungen im Ofen geschweißt, Heizen mit leerem Behälter notfalls mal möglich, ohne daß was undicht wird (nicht auf Dauer!).

Mit Dehnfugen ringsum einbauen (1 Pappstärke). Rohranschlüsse nicht fest einmauern! Anschluß nur "drucklos und offen", sonst, falls das Wasser mal kocht, Explosion !!! Umlauf per Schwerkraft, Rohr-Ø mind. 1/2", wenn Heizkörper in gleicher Etage, 3/4". Näheres s. "Einfälle statt Abfälle", Heft "Sonnenwärme", "2 Arme voll Holz".

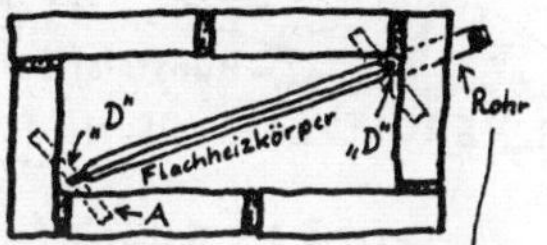

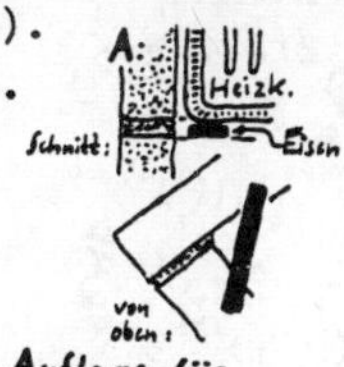

A: Auflage für Heizkörper auf Flacheisenstücken.

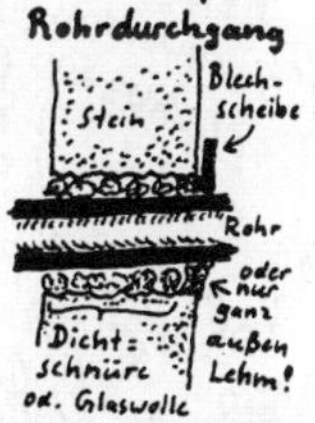

Kessel im Abwärmeofen

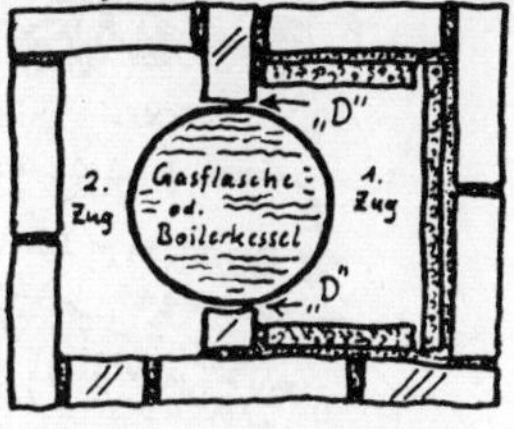

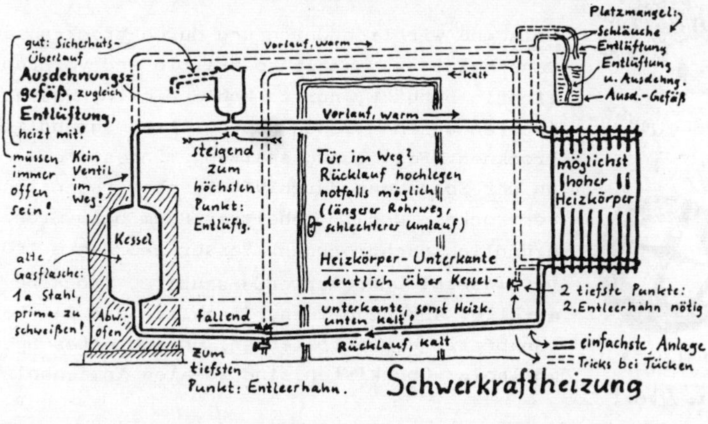

Schwerkraftheizung

*) Vor jeglicher Arbeit an alten Gasflaschen: Gasreste ganz ausleeren! (Hahn abschrauben, Flasche randvoll mit Wasser füllen) Gasreste könnten explodieren!

Brennstoff oder Giftmüll?

Kohle: Sehr umweltschädlich, Schwefeldioxid unvermeidbar (saurer Regen!), außerdem Kohlenmonoxid und andere Gifte. Ersetzen, wo es nur geht

Feuchtes Holz: schwelt, Giftqualm für die Nachbarn, heizt kaum, Schornstein und Ofen versotten, Gefahr von Schornsteinbränden!

Spanplatten, "Tischlerplatten", "Resopal" (plastikbeschichtetes Spanholz), Sperrholz und Hart faser, Holz mit Lack oder dicker Farbe: Giftmüll, kein Brennholz! Massenhaft Formaldehydleim, Kunstharze und Schwermetalle aus der Farbe werden im Ofen zu gefährlichen Atem- und Umweltgiften, sogar zu Dioxin!

Milchtüten und ähnliches sind kein Wachspapier sondern plastikdurchtränktes Papier. Verbrennt mindestens so giftig wie Plastik oder Gummi!

Bunt bedruckte Illustriertenseiten enthalten viele Schwermetalle in den Druckfarben und brennen meistens miserabel!

Altpapierbriketts: Blödsinn, Papier würde auch so brennen, gehört aber in die Wiederverwertung statt in den Ofen. Wenn nicht monatelang getrocknet, innen naß, giftiger Qualm wie von nassem Holz, dazu Schwermetalle aus der Druckfarbe. Holz in den Ofen statt in die Papierfabrik: sauberes Feuer und sauber hergestelltes Umweltschutzpapier statt giftiger Neuherstellur

Öfen sind keine Müllschlucker!

Holz muß wirklich durch und durch trocken sein. Dann heizt es doppelt so kräftig und verbrennt, richtig benutzt, nur zu Kohlendioxid, Wasser ur anderen unschädlichen Resten. Darum gründlich trocknen: Fein genug spalten, mindestens $\frac{1}{2}$ Jahr an der Sonne gut durchlüftet, aber regensicher vortrocknen und im geheizten Raum beim Ofen gründlich nachtrocknen. Besser 2-3 Jahre trocknen lassen! Oder verwende saubere, trockene Hol abfälle: Abbruchbalken, Tischler- und Baustellenabfall, Wegwerfpaletten, unlackiertes Sperrmüllholz. Obstkisten sind ideales Anmachholz!

Feuer will von sich aus sauber brennen. Wenn nicht...

Schwelgase entstehen hauptsächlich zu Anfang der Verbrennung, verbrennen entweder mit heller Flamme zu unschädlichen Resten, oder zünden nicht und bleiben Teer, Sott, Glanzruß, giftiger dicker Qualm aus dem Schornstein.

Fehler	Was passiert?	Was tun?
• Nasses Holz	Wasserdampf löscht!	s.o. !!!
• Zu wenig Kleinholz • Zu spät nachgelegt • Nur ein Stück nachgelegt	Hitze reicht nicht zum Zünden! (Versuch: Halt' mal ein Streichholz in den Qualm) Hitze verpufft unwirksam!	Schnell Kleinholz hinterher! Schieb' die glimmenden Stücke so zusammen, daß sie sich gegenseitig anglühen. „Nimm 2" (s.u.!)
• Zu wenig Luft • Zu dicht aufeinandergepackt • Zu breite, flache Stücke	Feuer erstickt! Luft kommt nicht ran!	Lufttür auf! Evtl. schnell neu anzünden! Schnell stochern, daß Luft rankommt! Obstkisten- und andere Bretter in Streifen spalten!
• Ofen taugt nichts, kalte Flächen nahe am Feuer	Entzieht die Hitze zu rabiat	Ofen ändern: freie eiserne, gar wassergekühlte Flächen nahe am Feuer schamottieren.

Ruß entsteht hauptsächlich bei heißem Feuer in großen Flammen. Er verbrennt von sich aus sauber mit heller Flamme, aber nicht, wenn die Flamme gestört wird. Langgezogene, gelbrote Flammenspitzen zeigen Ruß an. Schwarzer Rauch!

Fehler	Was passiert?	Was tun!
• Zu viel nachgelegt	Zu wenig Platz für die Flammen, stoßen an abkühlende Flächen.	Weniger nachlegen. Evtl. Feuerraum zu klein: Ofen ändern, wenn möglich.
• Schlechter Zug	Flammen ersticken im eigenen Rauch!	Drosselklappe auf! Ofenrohr/Zug-ø zu klein?
• Zu wenig Luft • Keine Oberluft	Luft reicht nicht bis in die Flammen Luft ist unten in der Glut schon verbraucht (Problem bei Kohleöfen: Luft nur durch den Rost)	Lufttür auf! Fülltür einen Spalt auf, Lufttür etwas zu Ofen verbessern gut möglich!

Kohle bleibt übrig, passiert, wenn die Flammen aufgehört haben. Bei Holz zeigt graue Asche feine Kohlereste an. Je weißer die Asche, umso besser ist die Holzkohle ausgebrannt. Übrigens ist Holzasche prima Öko-Dünger! Bei Steinkohle (Eierkohlen) bleiben kleine Kohlestücke liegen, wenn der Brand schlecht war. Doch auch sonst gibt es viel unbrauchbare Asche. Holzkohle und Steinkohle verhalten sich verschieden.

STEINKOHLE	• Zu wenig Luft • Zu wenig Hitze	Zuerst Kohlenmonoxid (grünliche fahle Flammen), dann nicht genug Hitze zum Aufrechterhalten der Glut: Aus!	Lufttür weit genug auf! Evtl. rütteln (Schlacke verstopft den Rost) oder voller Aschekasten! Genug Kohlen auf einmal nachlegen!
HOLZ	• Zu wenig Hitze • Zu wenig Hitze und zu wenig Luft gleichzeitig	Holzkohle glüht auch bei sehr wenig Luft aus, wenn die Hitze reicht!	Mehr nachlegen, kleinere Stücke! Asche liegenlassen! Asche isoliert, doch läßt noch genug Luft zum Ausglühen durch! Evtl. Ofen ändern! (Steinboden statt Rost)

Tricks zum „richtigen" Heizen:

Ein Feuer irgendwie am Kokeln zu halten ist leicht. Mit diesen Tricks kannst Du genau so leicht ein sauberes, sparsames und schön warmes Feuer machen:

- NUR trockenes Holz nehmen (notfalls nur TROCKENE Kohle).
- Genug Kleinholz ! Kreuz und quer auflegen, damit Luft überall rankommt.
- Feuerraum nicht zu voll packen (höchstens halbvoll).

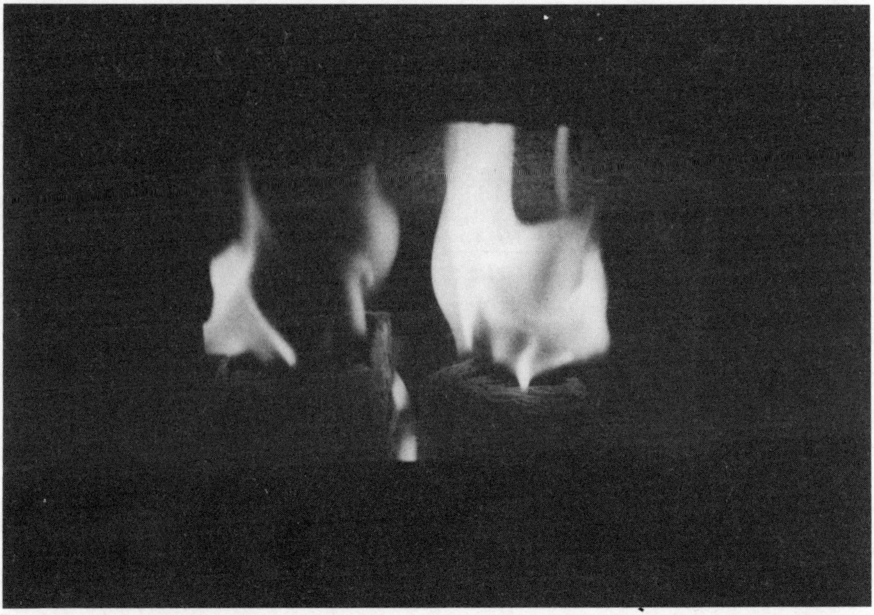

Glas vorgehalten und photographiert: „Nimm-2-Trick"– so sauber brennen die Scheite, die sich gegenseitig anglühen.

Luftlöcher in die Innentür gebohrt: Die Luftstrahlen fachen das Holzfeuer ordentlich an. Größere Löcher: noch besser!

- Volle Luft geben, bis Flammen nachlassen. Dann erst Luft verringern.
- Rechtzeitig nachlegen (solange noch Flammen da sind!).
- Wichtigste Nachlege-Regel: "NIMM 2". Ein Stück verliert viel Hitze nach außen und fängt leicht an zu schwelen. Zwei oder mehr Stücke glühen sich gegenseitig an.
- Auch nach dem Nachlegen genug Luft geben, bis Flammen nachlassen!
- Oberluft geben bei großen Flammen (Kleinholz, Fichte, Pappel...)!
- Keine zu großen Stücke, neigen zum Schwelen!
- Wenn Flammen (fast) aus und nur noch Glut, Luft und Abzug fast zu! Achtung! Wärmeverlust bei Abwärmeöfen! Siehe Heizen Bild 2.
- Wenn kaum noch Glut, alles ganz zu!
- Wenn Feuer ganz aus, Holz fürs nächste Feuer im warmen Feuerraum ausdörren. Dann brennt's nachher mit einem Streichholz sofort lichterloh!

Besonderes bei Briketts: Hitze treibt die brennbaren Gase heraus, aber nur der Teil brennt und heizt, der DURCH DIE GLUT rauskommt, alles andere ist durch den Schornstein verlorenes Brenngas. Nicht zu viel auf einmal auflegen, Briketts RUNDHERUM anglühen lassen. Notfalls einseitig glühende Briketts umdrehen. Am einfachsten: zusammen mit kleinerem Holz lange genug durchbullern lassen, erst danach Luft auf "klein".

So verheizte Briketts halten genau so lange vor wie "einfach so" aufgelegte, aber wärmen doppelt so gut und brennen fast un-riechbar. Und Du brauchst nur halb so viele! Tricks wie "auf die Glut und Klappe zu" oder "in Zeitung wickeln" (womöglich noch nasse?) sind absolut faule Tricks! Wollen wir Wärme oder Gestank? Selbst wenn ein Brikett dann statt 1o Stunden 12 glimmt, es heizt nicht recht, aber die ganze Nachbarschaft riecht's!

Abwärmeofen nicht kaputtheizen!

Heize gemauerte Öfen stets mit langsam größer werdendem Feuer auf - das gibt beste Wärmespeicherung und geringste Wärmespannungen. Ein plötzliches großes Feuer macht die Steine innen knallheiß, während sie außen noch kalt sind. Das muß Wärmespannungen geben, weil sich die Steine nur innen ausdehnen, auf die Dauer kriegt davon der beste Ofen Risse!

Neue Abwärmeöfen einbrennen: Du weißt selbst, welche Mengen Wasser Du im Ofen verbaut hast. Vieles davon trocknet nicht von selbst aus, sondern ist im Lehm gebunden und muß mit milder Hitze langsam ausgetrieben werden. Wenn Du schnell hochheizt, wird das eingeschlossene Wasser zu Dampf und lockert das Gefüge vom Lehm, wenn Du Pech hast, gibt's sogar gleich Risse! Darum: Erst gut austrocknen lassen (am besten mehrere Wochen), dann einige Tage lang immer wieder ein sehr kleines Feuer machen, das nur wenig aufheizt, Lufttür offen lassen, damit Feuchtigkeit zum Schornstein rauszieht. Beim ersten richtigen Heizen mit kleinem Feuerchen anfangen und die Größe nur sehr langsam, während 2-3 Stunden, bis aufs Gewöhnliche steigern. Zu Anfang wird der Abwärmeofen schlecht ziehen, denn die Feuchte erschwert den Zug sehr, doch schon während dem Einbrennen verbessert sich der Zug.

1. Anheizen bei schlechtem Schornsteinzug

- wenig Papier
- genug Kleinholz
- einige zweifinger-dicke Stücke
- zwei größere Stücke

Luftklappe auf (*)

Anheizklappe auf (!)
Drosselklappe auf

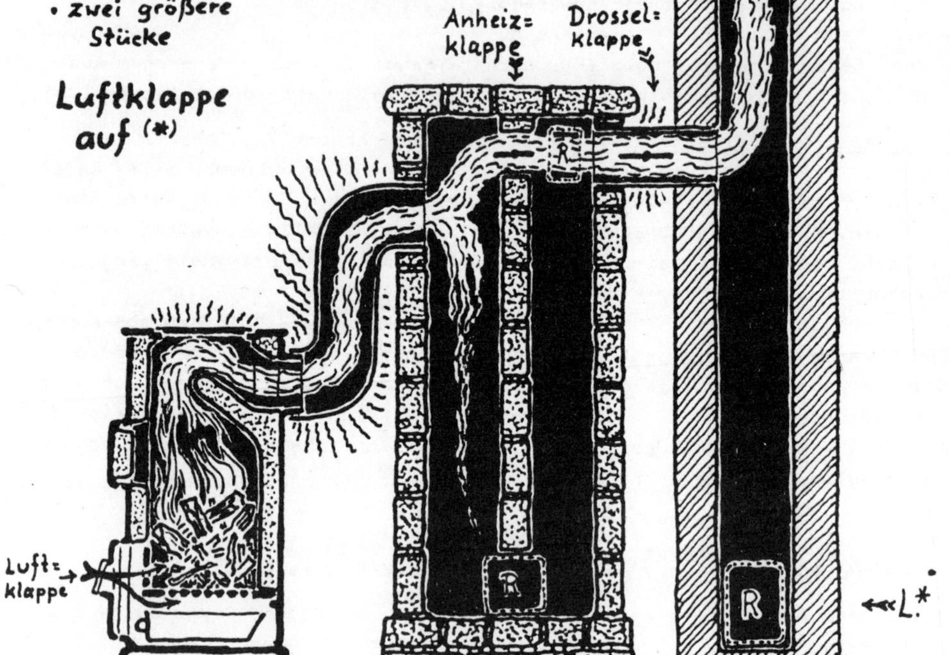

Ofen heizt noch nicht

Ofenrohr und evtl. Herdplatte heizen schon

Abwärmeofen kann nicht warm werden, Wärme geht direkt in den Schornstein

Ofen-rohr heizt etwas

Schornstein wird angewärmt

*) Bei sehr schlechtem Zug Luftklappe zuerst nur 1/2 auf, damit nicht mehr Luft reinkommt als Rauch abzieht. Bei extrem schlechtem Zug unmittelbar vorm Anzünden im Ofen: Lockfeuer (paar Blatt Zeitung) im Schornstein anzünden (L.)

! So bald wie möglich Anheizklappe schließen !

— bei normalem Zug gar nicht erst öffnen —

2. Heizen

Ungedrosseltes Feuer!
(Luftklappe ½ - 1/1 auf*)

- größere Holzstücke
- stets mindestens zwei nachlegen
- Feuerraum höchstens halbvoll

Anheizkl. ZU

Drosselkl. AUF

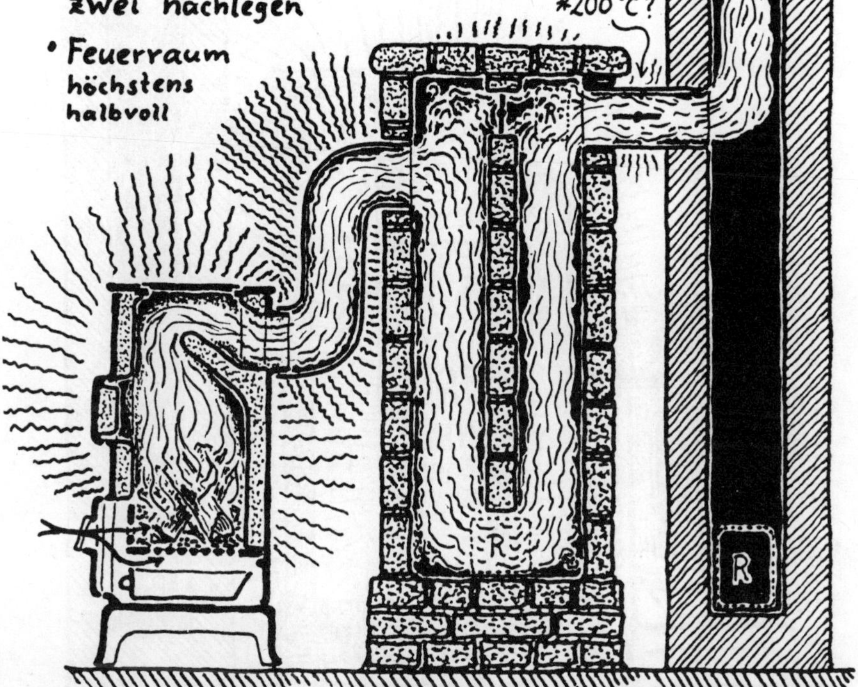

Ofen heizt kräftig

Ofenrohr heizt sehr kräftig

Abwärmeofen heizt noch nicht. Viel heißer Rauch heizt die Steine von innen auf.

Ofen: rohr heizt etwas

Schornstein Kein unnötig heißer Rauch im Schornstein ?!*)

*Luft: Nach dem Nachlegen stets 1/1 auf, wenn Flammen nachlassen, etwas schließen. Wichtig: Feuer möglichst gleichmäßig halten, besser gegen Schluß steigern und dann schnell ausgehen lassen und Ofenklappen schließen. Trick: beim letzten Mal Kleinholz mit wenig Glut (Pappel, Fichte) nachlegen.

*Rauch: Ofenrohr handwarm (lange anzufassen) = Rauch innen ca. 200 °C, mehr als genug. Feuer nicht größer machen, Verschwendung. Notf. lieber öfter/länger heizen.

3. Wärme halten. Richtig:

Letzte Glut verglimmt zu Asche.

Luftklappe zu!

Ofen heizt kaum noch (Restwärme)

Ofenrohr heizt nicht mehr

Abwärmeofen heizt lange und intensiv! (gespeicherte Wärme)

Ofen=rohr heizt nicht mehr

Schornstein: Fast keine Verluste, weil keine Luft in den Ofen nachkommt!

Trick: Brennholz vortrocknen!

Sobald alle Glut verglimmt ist, Feuerstoß zum nächsten Anheizen im noch warmen Ofen aufbauen. Wird ausgedörrt und brennt später wie Zunder!

Falsch: „Klein" weiterheizen

(war ohne Abwärmeofen nötig)

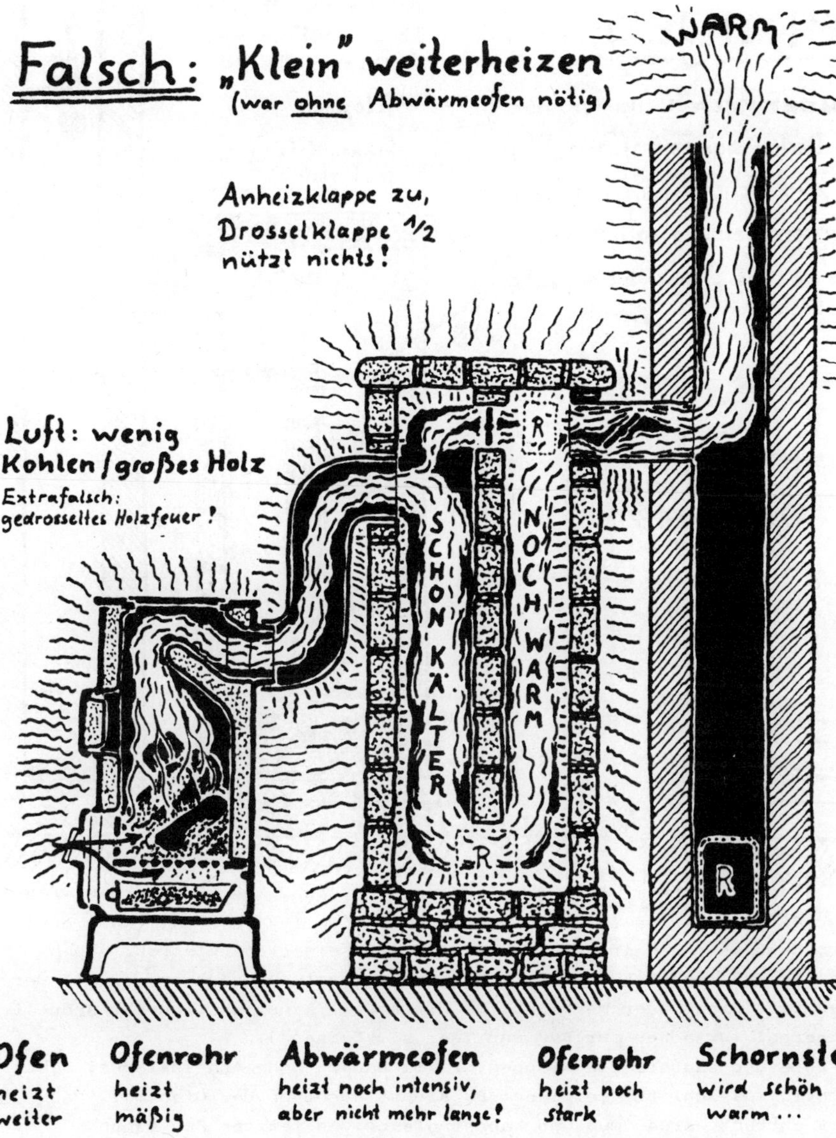

er laukalte Rauch aus dem Ofen wird von den heißen Steinen des Abwärme-
ens schön geheizt und trägt die Hälfte der gespeicherten Wärme zum Schornstein hinaus!
as passiert auch, wenn man beim Heizen nicht aufpaßt und zu spät nachlegt!
alls Weiterheizen nötig (Gründe: nur Kohlen vorhanden, oder, bei
-3-Zimmer-Heizung, Wärme nur im Ofenzimmer gewünscht) **von Anfang an
ur kleines Feuer machen!** Wenn Rauch zu kalt, Anheizklappe etwas öffnen.

Reinigen

„Stubenrein": Immer nur einen Deckel zur Zeit öffnen. Vom Ofen zum Schornstein hin reinigen, der Schornsteinzug saugt den Staub ab, das Zimmer bleibt sauber!

R= Reinigungsdeckel. Bauarten, Öffnen und Schließen s. „Details"

***) Klappen, Gasschlitze:** s. „Details"

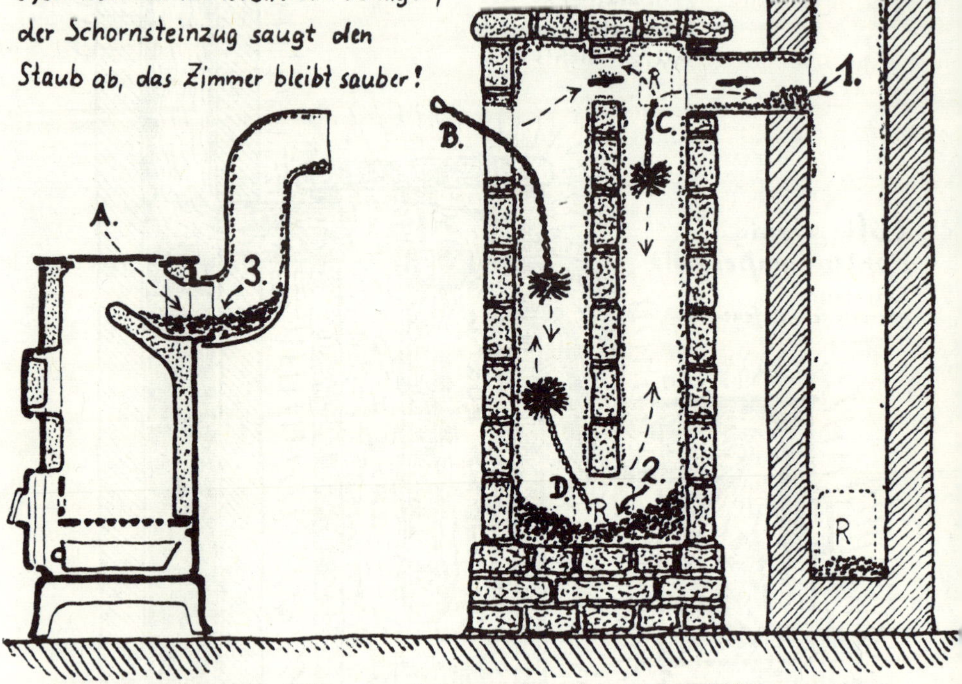

Der Schornsteinfeger fegt den Schornstein, dabei kann Ruß in den Ofenrohr-Eingang fallen (1), kontrolliere die Stelle jedes Mal, wenn er da war, dazu oberen Reinigungsdeckel öffnen. Keiner da? Ofenrohr abnehmen. Am Ruß siehst Du, wie gut Du geheizt hast, je nachdem verrußt der Ofen fast nicht oder merklich. Im Extremfall kann das Ofenrohr schnell zuteeren! (Ursachen für Ruß und Teer s. "Heizen").

Prüfe und säubere die Klappen, falls Bauart ohne Anheizklappe, sehr wichtig: Gasschlitz*) reinigen! Du siehst auch, ob der Ofen mal insgesamt entrußt werden muß und kannst gleich den letzten Zug fegen.

Ruß isoliert, ein sauberer Ofen heizt viel besser. Aber auch bei gutem Heizen entsteht Flugasche, die sich an tiefliegenden Stellen sammelt (2,3). Praktische General-Reinigung:

A. Flugasche im Ofenausgang (3) raus, dafür Deckel vom Ofen abheben.
B. Ofen abrücken, 1.Zug und Gasschlitz bzw Anheizklappe vom Abwärmeofen fegen. Ofen wieder anschließen.
C. Deckel beim Ausgang zum Schornstein war schon (s.o.), sonst jetzt nachholen. Deckel wieder zu.
D. Unteren Reinigungsdeckel öffnen, Flugasche raus, evtl Züge nochmal von unten fegen. Alles sauber? Fertig, Deckel schließen und dichten!